PADRES
de la
BIBLIA

PADRES
de la
BIBLIA

Robert Wolgemuth

La misión de Editorial Vida es proporcionar los recursos necesarios a fin de alcanzar a las personas para Jesucristo y ayudarlas a crecer en su fe

PADRES DE LA BIBLIA
Edición en español publicada
Por Editorial Vida – 2008
Miami, Florida

Originally published in the U. S. A. under the title:
Fathers Of The Bible
Copyright © **2006** by **Robert D. Wolgemuth**
Published by permission of Zondervan, Grand Rapids, Michigan

Traducción: *Daniel Andrés Días*
Edición: *Carlos Peña*
Diseño interior y cubierta: *Cathy Spee*

ISBN: 978-0-8297-5025-6

Categoría: Vida cristiana / Devocional

Impreso en Estados Unidos de América
Printed in The United States of America

08 09 10 11❖ 6 5 4 3 2 1

A
Scott Anderton
Robb Chapin
Mark Oldham
Justin Ramb
David Swanson
Responsables y buenos,
Duros y graciosos,
Sobrios y cómicos.
Hombres que conocen a Dios,
Y buscan conocerlo más.
Esposos, padres, amigos.

Robert Wolgemuth

Contenido

«ESTE BEBÉ ES TUYO, PAPÁ»

¿Qué se necesita para llegar a ser un padre?

Como jóvenes, todos hemos tenido una conversación inolvidable que reveló la respuesta fisiológica —la mecánica— a la pregunta: «¿De dónde vienen los bebés?». Posiblemente no podíamos haber estado preparados para la respuesta. Un hermano mayor, un niño vecino, alguien en el colegio o tal vez un primo nos llenó de asombrosos —e impensables— detalles. Por supuesto, la mayoría de los padres quieren ser los primeros en destapar esta sensible información para sus hijos.

Raramente lo son.

Han pasado muchos años desde que tú y yo aprendimos, por primera vez, cómo funcionan estas cosas. Y estas cosas *funcionan*. Testigo es el hecho de que somos padres. Y sabemos completamente bien que ser un padre es muchísimo más que la mecánica de la intimidad. Es mucho más grande que cualquier contribución de nuestros cromosomas a una transacción milagrosa y callada en la oscuridad del cuerpo de la madre del bebé.

En el día en que tú y yo llegamos a ser padres, supimos que nuestras vidas estaban a punto de cambiar inalterablemente. Alguien nos pasó un pequeño niño cubierto con un gorrito tejido, arropado y abrigado como un burrito (el plato de comida mexicana) caliente.

Oímos las palabras: «Este bebé es tuyo, papá». Nuestros corazones golpeaban con una sorprendente mezcla de maravilla y susto. *Maravilla* por los intrincados detalles de cada arruga y doblez... los ojos oscuros intentado abrirse y enfocar... las pequeñas manos... la frágil capa de vello aterciopelado que cubría su piel... las mejillas llamando a un beso, una invitación a la que respondimos con todo entusiasmo.

Decir que es «bello» no es nada.

Estábamos *asustados* por causa de la pesada responsabilidad que recayó sobre nosotros. Llegamos a ser el padre (si adoptaste un hijo, aún recuerdas ese momento). El único que este niño tendrá en su vida. Seríamos llamados a dirigir y a aconsejar cuando no teníamos ningún entrenamiento. A escuchar y consolar donde nuestros instintos pedían con seguridad algo más. A disciplinar y modelar en las cosas en las que *nosotros* habíamos fallado.

Así que, ¿hacia qué lado gira un padre? ¿A dónde va por ayuda con la cual pueda contar?

Tristemente, un bebé viene sin instrucciones... de todas maneras no las habríamos leído.

Tengo buenas noticias. En realidad, tengo *grandes* noticias. Dios sabe sobre esto de ser padre, y él está más que dispuesto a mostrarnos qué hacer.

Antes de que el tiempo empezara, había un Padre, un Hijo y un Espíritu Santo. Aunque esta es una verdad difícil de entender en su totalidad, Dios era —y es— tres personas distintas... sin embargo, sigue siendo Uno. Y en su plan soberano, escogió un modelo —una relación— que tú y yo pudiéramos entender. Un papá, un niño y un espíritu invisible e inasible que los unía. Para siempre.

Así que, cuando tú y yo tomamos una Biblia en nuestras manos, en realidad estamos tomando un manual del usuario para un padre. Página tras página, historia tras historia, leemos cómo ama este Padre a su Hijo... y a nosotros, los hermanos y hermanas de su Hijo. Este libro santo revela:

- La firmeza de su disciplina y la ternura de su gracia
- El mandato visible de su Palabra hablada y el misterioso poder de su susurro
- Los resultados que rompen el corazón por su indignación y la reconfortante seguridad de sus envolventes brazos

Tal como un padre.

Y se ondean por toda la Escritura los relatos históricos de otros padres, padres terrenales. Algunos son ejemplares, otros no. Algunos dejan un ejemplo digno de imitar. Otros dejaron una marca que debe evitarse a toda costa.

Los siguientes doce capítulos ofrecen una rebanada de relatos de hombres bíblicos que fueron padres: sus logros, sus miedos, sus victorias y sus dolores. De cada uno podemos aprender algo importante sobre las tareas, los privilegios, los desafíos y las fallas en la paternidad. Descubriremos la fidelidad de Noé, la confabulación de Jacob, la pasión desenfrenada de David y la confianza silenciosa de José, el hombre al que Dios escogió para ser el padre terrenal de Jesús.

Cada uno de estos hombres fue padre. Su situación geográfica y circunstancias particulares fueron muy diferentes de las tuyas y las mías, pero las dificultades y desafíos de la paternidad son notoriamente similares. Tenemos algo importante por aprender de cada uno.

El formato de este libro te da la oportunidad de pasar diez o quince minutos por día, durante una semana, con cada uno de estos padres. Doce semanas para entender. Sin embargo, el orden en que los leas es tu decisión. Aquí podrás examinar los ejemplos que han dejado para que nosotros los sigamos o los obviemos. Estudiarás las lecciones a ser aprendidas a partir de sus experiencias. Y juntos capturaremos los temas bíblicos que proveen dirección y aliento, en tanto que enfrentamos los rigores predecibles de la misión que tenemos por delante.

El objetivo aquí es encontrar algo en estas historias que avive nuestro caminar con Dios y que nos informe sobre nuestra responsabilidad única como padres: aliento y guía que podemos usar desde ahora. Este bebé es tuyo, papá.

Bienvenido.

Dr. Robert Wolgemuth
Orlando, Florida

CÓMO USAR ESTE LIBRO

Hay doce capítulos en este libro; enfocado cada uno en un padre bíblico. Por supuesto, eres bienvenido a usarlo como escojas. Pero cuando lo armé, mi plan era que pasaras una semana completa «empapándote» de la historia de cada uno de estos personajes. Lo puedes hacer por tu cuenta o con un pequeño grupo de amigos.

Para ayudarte a entender y experimentar mejor sus historias, hemos desarrollado un programa de devocional único que combina cinco elementos: inspiración, examen del carácter, estudio bíblico, conocimiento paterno, promesas bíblicas y oración. He aquí cómo se desenvuelve cada una de las doce semanas, enfocándose en un padre particular de la Biblia:

Lunes: su historia, un retrato de la vida de un padre.

Martes: una mirada al hombre, una mirada más cercana a su carácter.

Miércoles: su legado en la Escritura, un estudio bíblico breve sobre su vida con aplicación para la tuya.

Jueves: su legado como padre, un vistazo a su forma de asumir la paternidad y las promesas bíblicas que aplican a su vida y a la tuya.

Viernes: su legado de oración, orando a la luz de su historia.

Al enfocarnos en un padre, por cinco días consecutivos, esperamos ayudarte a leer, reflexionar, estudiar y orar de forma que te adentres más profundamente en la presencia de Dios, experimentado su gracia mientras vives tu llamado a la paternidad.

Tú sabes que ser padre es uno de los retos más difíciles y con más recompensa en este mundo. Esperamos que *Padres de la Biblia* te ofrezca una oportunidad, para que solo o en grupo, experimentes el amor y la fidelidad de Dios de manera fresca, bendiciendo a tus hijos a través de la obra que él hace en tu vida.

Le debo un agradecimiento especial a la publicadora asociada Sandy Vander Zicht por sus continuas ideas, aliento y defensa de este trabajo. Todo autor necesita un campeón en casa; eso es exactamente lo que tengo en Sandy. También estoy agradecido con Verlyn Verbrugge por su vigorosa ayuda editorial, con la directora creativa, Cindy Davis, por el diseño de este libro, y con los equipos de mercadeo y ventas de Zondervan alrededor del mundo por su duro trabajo para hacer disponible este libro a tantos lectores como sea posible, incluyéndote.

Adán

Sus hijos: Caín, Abel y Set.

Su trabajo: hasta que pecó, estaba desnudo y era el feliz cuidador del Jardín del Edén. Después que sucumbió a la tentación, cosió sus propias ropas y llegó a ser granjero.

Su carácter: el primer hombre, fue inicialmente la creación humana perfecta de Dios. Él estaba en armonía con la naturaleza y con su esposa, Eva, que fue formada de una de sus costillas.

Su lamento: más trágica que cualquier historia de la Biblia, desobedeció a Dios, fue expulsado del Jardín del Edén y pasó el resto de su vida trabajando fuertemente.

Su triunfo: Adán fue el primogénito de toda la creación.

Escrituras clave: Génesis 2–3.

Su historia

¿Qué es ese sonido? La tensión en la voz de Eva reflejaba los nuevos sentimientos en las tripas de Adán. Su mente y su corazón se arremolinaban con repugnantes sensaciones, unas que deseaba no haber experimentado nunca, nacidas de la más profunda culpa y el terror de la verdad.

Hasta ese momento su vida había estado llena de un deleite notable.

Todo empezó cuando Adán respiró por primera vez.

El lapso entre la conciencia matutina y la reunión de suficiente energía para abrir nuestros ojos, toma usualmente unos momentos. Pero para Adán, la experiencia de pre-despertar debe haber tomado un buen tiempo. Esto era diferente a cualquier cosa que hubiera pasado antes o que hubiera de pasar a partir de entonces: un hombre hecho y derecho literalmente absorbiendo su primer trago de aire.

Mientras estaba en algún punto entre el sueño y la plena conciencia, los primeros pensamientos de Adán debieron ser: *¿quién soy?, ¿qué son esos sonidos?, ¿dónde estoy?, ¿qué es esto?*

Quitándose el sueño de sus ojos, aceptando la vida, se sentó lentamente. Bajó la mirada a sus piernas y brazos; vio una piel tersa y unos músculos fuertes y firmes. Levantó sus manos hasta su cara, doblando y estirando sus dedos, estudiando sus fibras. Llevó su mano cerca y se tocó el rostro, sintiendo el contorno de sus ojos y pómulos, luego se palpó brevemente el cabello grueso y largo.

Lentamente, Adán se puso de pié. Apretó los músculos de sus piernas y estiró sus brazos en dirección al cielo. Aspiró una fresca y fría bocanada de aire que podría haber rivalizado con la respiración prístina y profunda de un bosque. Fue solamente entonces que vio algo de la conmovedora belleza que lo rodeaba.

El follaje era voluptuoso, las flores eran una panoplia de colores. Los sonidos completamente orquestados de los cantos de los pájaros y de los animales llenaron su cabeza con un claro éxtasis. *Estoy vivo.* Respiro otra vez profundamente. *La vida es buena.*

Adán empezó a caminar. Primero despacio, luego un trote y, finalmente, una carrera veloz. Como un niño cuando se suelta, el hombre finalmente se detuvo y empezó a hacer giros, sus brazos se extendieron a lo ancho. Cantó e hizo fuertes sonidos con su boca, algo que nunca escuchó.

Y si los sonidos y la belleza y el viento que despeinaba su cabeza no eran suficientes para inundar sus sentidos, Adán sintió una Presencia indescriptible. Sí, había cantidades de cosas vivientes alrededor de él, pero esto era diferente: Alguien inexpresable lo rodeaba completamente. Por ahí... por ahí... y por ahí. Quien sea que fuera, supo para sus adentros que no era el único en el Jardín. Sin embargo, no tenía miedo, más bien se sentía reconfortado por la Presencia.

Adán paró en un pequeño prado, la suave hierba acojinaba sus pies. El radiante amarillo del sol en el cielo calentó sus hombros. Miró los árboles que le rodeaban y tuvo un sentimiento vago de vacío en la boca de su estómago.

Y luego, por primera vez, escuchó una voz, un sonido diferente al de cualquiera de las otras cosas vivas que lo rodeaban. Escuchó palabras, un lenguaje que tomó forma y llegó a ser conocimiento inmediato en su mente. La voz era calma y autoritativa, y reconoció que pertenecía a la Presencia.

«Puedes comer de todos los árboles del jardín —dijo la voz—, pero del árbol del conocimiento del bien y del mal no deberás comer. El día que de él comas, ciertamente morirás» (Génesis 2:16-17 *énfasis añadido*).

Adán asintió con voluntad dócil. Notó el árbol a su izquierda y decidió que estaba más que dispuesto a obedecer. *Con todo esto,* pensó, mirando alrededor: *¿por qué habría de extrañar el fruto de ese árbol? Es una promesa fácil.*

Caminando hacia un arbusto pequeño, cubierto de frutas rojas, tomó una mora de la reluctante rama y la mordió tentativamente. El jugo cubrió su lengua y recorrió su garganta, haciéndole cosquillas en su boca con una deliciosa sensación agridulce. Afanadamente, tomó otras y las empujó a su boca.

Luego, desde los bosques y los cielos, los animales y los pájaros se le acercaron. Como si hubieran recibido misteriosamente la orden de organizarse; estos seres vivientes pasaron y grupo por grupo, les puso nombres. Y una vez que lo recibían, se esparcían de nuevo.

Si alguna vez un hombre experimentó satisfacción con su entorno, ese hombre fue Adán. Estaba la invisible Presencia, las criaturas, la vegetación y las frutas. Pero no eran suficientes. En lo profundo de su alma, anhelaba algo —o alguien— más a su lado.

«No es bueno que (estés) solo —la voz habló de nuevo—. Voy a hacerte una ayuda adecuada» (Génesis 2:18 *énfasis añadido*).

Adán se sentó. Las palabras le dieron calor. Supo que la Presencia entendió su anhelo.

Primero, un sueño profundo, luego, una total fatiga lo abrumó. Apoyó su cabeza en la suave hierba y cerró sus ojos. En lo que pareció un momento, los abrió lentamente, con un poco de conciencia en medio de su sueño. Cuando se enfocaron, vio una forma recostada en el suelo cerca de él. Su corazón se aceleró con la belleza de la criatura; como él, en algunos aspectos, pero diferente en otras deliciosas formas.

Poniéndose de pie, tomó la mano de la mujer, ayudándola a levantarse. Sus ojos se encontraron. Sonrieron y con ternura extendieron sus brazos el uno al otro hasta que se abrazaron. Sintiendo el calor del cuerpo de ella contra el suyo, anidó su cabeza en el cuello de la mujer. Y la presencia de ella llenó el vacío en su corazón. Una compañera perfecta.

Adán sintió un inexplicable sentido de cabalidad. Totalidad. Esta era una con quien podía compartir la belleza y compañía del Jardín. La alegría lo llenó y lo desbordó, haciéndolo sonreír.

«Soy Adán», le dijo.

Ella sonrió con un entendimiento silencioso.

«Y tú eres Eva».

Tomando su mano una vez más, caminó con ella entre los bosques. Le contó de su nacimiento, el sabor de la fruta y de la belleza que los rodeaba. Le contó de la Presencia y como era ella la respuesta perfecta a su anhelo.

Pero esta perfección prístina tendría un final terrible. Con el paso del tiempo, algo ocurrió. Algo atroz. Lo que fue suficiente, llegó a estar nublado con un nuevo anhelo. Empezó con una conversación inocente con una serpiente y la fascinación con el árbol prohibido. Susurros de placer y deseo incontable. Conspiración entre el hombre y la mujer para desobedecer ruidosamente a la Presencia.

Ahora, nuevos sentimientos de miedo y horror inundaron el alma de Adán, corroyendo la paz y la alegría que una vez vivieron allí. Y cuando él y su pareja oyeron a la Presencia —el Creador Soberano— caminando por el Jardín, instintivamente se agacharon, ocultándose tras el arbusto.

La vergüenza los llenó, abochornando sus caras y ensanchando sus ojos con miedo por lo que habría de venir. La Presencia. El juicio.

«¿Qué es ese sonido?», susurró Eva de nuevo.

Pero ambos sabían perfectamente bien quién era y por qué venía.

MARTES

Una mirada al hombre

Por el hombre que todo lo tiene

Trata de imaginar cómo debió ser despertar por primera vez siendo adulto: te sacudes el sueño de los ojos y no tienes ni idea acerca de nada. Esto es exactamente lo que le sucedió a Adán. Nada le era familiar y todo era nuevo. Su mente debió darle vueltas con posibles escenarios de quién era y quién lo puso en ese lugar.

Los primeros días de su vida fueron una sucesión indescriptible de experiencias extrasensoriales, como firmar la entrada en uno de esos opulentos hoteles europeos, con todos los gastos pagos... solamente que mejor y más extravagante. A todas las partes a las que miraba, veía cómo prodigaba la belleza. Y como no había otro hombre a la vista, supuso correctamente que todo eso le pertenecía.

Y si eso no era suficiente, el gran anhelo de Adán —de una compañía humana perfecta— fue completamente satisfecho con la creación de una mujer; su cara era adorable y radiante, su compañía deleitaba, su afecto era solo para él.

Todos los días la sección *Vida*, del *USA Today*, nos cuenta de los ricos y famosos, los realizados y los dotados, los exitosos y los poderosos: de la gente linda. Pero si hubo alguna vez una persona así, seguramente Adán fue la persona que lo tuvo todo. ¿Es posible que quisiera más?

Pero, de manera increíble, sí quiso más. Se rehusó a estar satisfecho con lo que Dios había provisto para su placer. Su corazón fue raído con un poquito de inconformidad. Quiso ir por su camino, hacer lo que quería hacer, ser suyo.

Y así, la única cosa que Dios le había ordenado evitar, llegó a ser la única a la que se sometió. Dispuesto a sacrificar su abundancia en el altar de esta tentación, Adán, el hombre que tenía absolutamente todo, lo perdió todo. Toda esta ruina había en un tonto mordisco a la fruta que se le ordenó evitar. ¡Qué apuesta tan idiota! ¡Qué manera de desperdiciar el Paraíso!

El hombre que lo tenía todo lo arriesgó todo por algo vergonzoso e inconsecuente. ¿Pero no suena esto extrañamente familiar? Por supuesto que sí. De vez en cuando la gente bella, «en la sección de Vida», encuentra el camino a la «sección de Noticias», acusada de robar tiendas, hacer desfalcos, fraudes, asaltos e incluso homicidios. Y así, por su decisión, cambian sus riquezas por la pobreza y la vergüenza del exilio... una página sacada directamente de Génesis 3.

Pero antes de que saltemos a juzgar a Adán y a estos héroes caídos contemporáneos, tenemos que tratar con nuestros corazones, ¿no es así? Nuestro anhelo de más cuando tenemos bastante. Nuestro pecado de inconformismo en medio de la plenitud.

SU LEGADO EN LA ESCRITURA

Lee Génesis 1:26–28

1. ¿Por qué crees que Dios hizo al hombre y a la mujer a su imagen? ¿Qué significa tener la imagen de Dios?

2. Dios les dijo a los primeros seres humanos que llenaran la Tierra y la sometieran. ¿Qué pudo eso haber involucrado antes de la caída? ¿Qué pudo haber involucrado después?

Lee Génesis 2:15–24

3. ¿Qué papel juega la obediencia cuando se trata de disfrutar el bien que Dios pretende para nosotros? Piensa en instancias de tu vida que hayan requerido obediencia. ¿Cómo has experimentado la bondad de Dios durante esos momentos?

4. Dios vio que Adán estaba incompleto sin una compañera. Y Adán parecía complacido con la mujer que Dios hizo para él. Cuando las parejas casadas armonizan su vida, con la voluntad de Dios, el plan inicial de él es bien ejecutado. ¿Qué hace a las parejas que tengan un matrimonio fuerte, eficiente y feliz?

Profundizando: lee Génesis 3:8–24

5. ¿Por qué Adán y Eva llegaron a estar concientes de su desnudez repentinamente después que desobedecieron a Dios? ¿Qué significó su intento por hacerse ropas con las pieles de animales?

6. ¿Por qué se escondieron de Dios? Piensa en la forma en que tiendes a esconderte de Dios cuando haces algo mal.

SU LEGADO COMO PADRE

La historia de Adán ofrece un vistazo de la buena vida que pretendía Dios para todos nosotros. Él fue el primero en tener comunión con Dios, el primero en mirar todo lo bello, el primero en disfrutar una relación íntima con su esposa, el primero al que se le dio un trabajo satisfactorio en el que, con certeza, podía tener éxito... y fue el primer padre. Y hasta antes de cometer el error de su vida, una completa paz, una salud perfecta y la confianza suprema eran suyas.

Desafortunadamente, Adán —junto con Eva— fue el primero en abrir el camino del pecado, el camino al túnel oscuro lleno de miseria y muerte. Y este llegó a ser el legado que pasó a sus hijos: Caín, Abel, Set... tú y yo.

Sin embargo, retuvo su estatus como criatura hecha a la imagen de Dios, aun cuando esa imagen se distorsionó repentinamente. Afortunadamente, siglos después, Dios inició un plan para restaurar su imagen en los hijos de Adán (o sea nosotros) al hacernos los hijos del nuevo Adán (o sea Cristo).

Y, a través de una amistad íntima con Jesucristo, que se sacrificó a sí, como los animales que vistieron a Adán y a Eva, con el sacrificio de sus vidas, nuestro legado como padres puede ser uno que demuestre el amor sacrificial y la gracia de Dios. Aun cuando somos tan pecadores como Adán, nuestras familias tienen la oportunidad de ser el «Jardín Sagrado» donde Adán vivió al principio. Porque en Cristo todas las cosas son nuevas.

Promesas en la Escritura

«Pues así como en Adán todos mueren, también en Cristo todos volverán a vivir»

(1 Corintios 15:22).

«Por lo tanto, si alguno está en Cristo, es una nueva creación. ¡Lo viejo ha pasado, ha llegado ya lo nuevo!»

(2 Corintios 5:17).

«El gran amor del Señor nunca se acaba, y su compasión jamás se agota. Cada mañana se renuevan sus bondades; ¡muy grande es su fidelidad!»

(Lamentaciones 3:22-23).

«¿Dónde está, oh muerte, tu victoria? ¿Dónde está, oh muerte, tu aguijón? El aguijón de la muerte es el pecado, y el poder del pecado es la ley. ¡Pero gracias a Dios, que nos da la victoria por medio de nuestro Señor Jesucristo!»

(1 Corintios 15:55-57).

SU LEGADO DE ORACIÓN

«Dios el Señor tomó al hombre y lo puso en el jardín del Edén para que lo cultivara y lo cuidara, y le dio este mandato: "Puedes comer de todos los árboles del jardín, pero del árbol del conocimiento del bien y del mal no deberás comer. El día que de él comas, ciertamente morirás"»

(Génesis 2:15-17).

Reflexiona sobre: Génesis 2:8-25.

Alaba a Dios: por crearte a su imagen.

Da gracias: por la tarea que Dios te ha dado como padre, por su gracia, dándote la oportunidad de seguir a Cristo y de dirigir a tus hijos como un hombre perdonado.

Confiesa: cualquier inconformismo, desobediencia o desconfianza que te prevenga de disfrutar las cosas buenas que Dios pretende para tu vida.

Pídele a Dios: que te ayude a entender el enlace entre obediencia y bendición.

Cada día nos ofrece otra oportunidad. O podemos llegar a ser más como Adán, el hombre natural que sigue su curso independiente; o podemos llegar a ser más como Cristo, el hombre sobrenatural que sin egoísmo alguno depende de Dios para todo en su vida. Tómate unos minutos hoy para bajar los brazos y preguntarte dónde está requiriendo Dios tu obediencia. Quizás él quiere que busques un trabajo nuevo, que te mantengas en tu antiguo trabajo. Que pases más tiempo con tus hijos, ayudarte con un pecado persistente. Lo que quiera que sea, no te escondas de la verdad, sino enfréntala, confiando en que si Dios te lo está mostrando, te ayudará a hacer el cambio y te bendecirá en el proceso.

Padre celestial, tú sabes lo duro que es para mí descansar en alguien diferente de mí. No me gusta la idea de depender de alguien más. Ayúdame, Dios, a aprender cómo confiar en ti y a obedecerte, no importa qué tan «poco natural» me pueda sentir. Ayúdame a recordar el ejemplo de mi hermano Jesús, que dependió de ti para todo y que nuca se fue por su camino. En su nombre oro, Amén.

Noé

Sus hijos:	Sem, Cam y Jafet.
Su trabajo:	no sabemos lo que hacía para vivir antes de oír la voz de Dios, pero después del encuentro, llegó a ser un carpintero consumado.
Su carácter:	fue un hombre justo, obediente y fiel.
Su lamento:	a pesar de las admoniciones y advertencias, fue incapaz de convencer a sus vecinos, amigos y familia extendida de que se arrepintieran. Como resultado, fueron todos ahogados en el Diluvio.
Su triunfo:	la obediencia no solo salvó su vida sino las de su esposa y sus hijos.
Escrituras clave:	Génesis 6–7.

SU HISTORIA

El sonido amortiguado de los lloriqueos despertó a la mujer. Extendiéndose, tiernamente tocó el hombro de su esposo. Moviendo su cuerpo cerca del cuerpo de él, lo abrazó hasta que el lloro cesó.

No se pronunció palabra. No era necesaria ninguna explicación. Con los años, lentamente había visto a su esposo aislarse de su familia y amigos. Su vida justa era suficiente para mantenerlo a una distancia prudente de la mayoría de las personas. Pero él había «oído la voz de Dios» y emprendido el proyecto más masivo —y ridículo— que cualquiera vio alguna vez. Su esposo construyó un barco enorme... en el patio trasero.

Ella lo cuestionó muchas veces, gentilmente al principio, luego más y más acentuadamente con el paso de los años. Francamente, este proyecto fue una vergüenza para ella y sus hijos. Pero con el tiempo había aprendido a confiar en su marido y en el Dios en que creían; y así había apoyado y amado a Noé.

Esa noche lo abrazó fuerte, como lo había hecho a través de años y años de frustración, miedo y noches de desvelo. Esta vez, sin embargo, el mecer metódico de la nave en la que estaban acostados, les trajo un bienvenido sueño.

Desde el tiempo en que su padre, Lamec, le había hablado del Dios inmortal y de la necesidad de vivir justamente, Noé había buscado ser obediente y seguir al Dios de su padre. La mayoría del tiempo pudo ignorar la burla y la segregación de los demás. Otros, notando su lealtad a los caminos de Dios, lo odiaron por eso. Pero a veces la soledad llegó a ser una carga insoportable, especialmente durante la noche.

Nueve generaciones pasaron desde el Edén. El jardín inmaculado y el mundo perfecto que lo rodeaba se convirtieron en un pozo negro de libertinaje y pecado. Violencia, corrupción y lascivia sexual no solamente eran comunes, sino tan en boga que pasaban sin notarse... excepto para el doloroso ojo del Creador.

Temprano, un día en que Noé caminaba a través de la neblina matutina, oyó la voz de Dios. Hubo otras ocasiones en las cuales sintió o palpó la voz de Dios, pero esta vez era diferente. Esta vez la voz era audible y clara... y sus palabras fueron escandalizadoras.

«He decidido acabar con toda la gente, pues por causa de ella la tierra está llena de violencia. Así que voy a destruir a la gente junto con la tierra» (Génesis 6:13). Después, el Señor explicó su plan a su siervo, que se agachó de temor a las horribles palabras de Dios y a sus instrucciones locas. Junta las herramientas... reúne las provisiones... y construye un barco. Un barco muy grande. «Porque voy a enviar un diluvio sobre la tierra, para destruir a todos los seres vivientes bajo el cielo. Todo lo que existe en la tierra morirá» (Génesis 6:17)

Noé luchó para comprender tal pensamiento. ¿La destrucción total de la Tierra? Pero Dios no había terminado. Le ordenó juntar una pareja de cada especie de pájaros y animales y ubicarlos en el barco, junto con su familia.

Completamente aturdido por lo que acababa de oír, pero determinado a obedecer, hizo todo como Dios le ordenó.

Pero mientras los días se volvían semanas y las semanas se volvían meses... y los meses se volvían años, Noé se cansó. El trabajo físico le pasó la cuenta de cobro al hombre, pero la incesante mofa de muchos a los que alguna vez llamó amigos encontró arraigo en su alma.

«¿Qué es lo que pasa, Noé? —se mofaban—. ¿Olvidaste que vives en el desierto? ¿Cómo vas a llevar esa monstruosidad al mar? ¿Te has vuelto loco?».

Noé se preguntaba si estaban en lo correcto. Pero vez tras vez retrocedía a las palabras que escuchó de Dios, determinado a permanecer fiel a su misión original.

Las décadas pasaron y, finalmente, el trabajo estaba terminado. Construida con las especificaciones precisas de Dios, el arca estaba lista para sus ocupantes... y para el diluvio.

Diligentemente, Noé juntó una pareja de cada criatura, pastoreándolas hacia la nave. Finalmente, la ominosa tarea estaba completa. Cada ser viviente se anidó en su cubículo correcto del gran barco. El arca se levantó del suelo del desierto como un monumento grande y poderoso a su obediencia.

Entonces el Señor habló a su siervo fiel: «Entra en el arca con toda tu familia, porque tú eres el único hombre justo que he encontrado en esta generación. Porque dentro de siete días haré que llueva sobre la tierra durante cuarenta días y cuarenta noches, y así borraré de la tierra a todo ser viviente que hice» (Génesis 7:1,4).

Finalmente, una vez que todos —incluyendo los preciosos hijos de Noé— estuvieron a bordo, el Señor cerró la puerta.

Y las lluvias cayeron.

Los vecinos, amigos y primos de Noé murieron, buscando el aire a tientas. Algunos colgándose del barco hasta que no pudieron aguantar más. Cada uno de ellos se ahogó y murió, sofocados por la arremolinada profundidad.

Y en la oscuridad de la noche, a bordo de un gigantesco y ruidoso barco que flotaba sobre un mar interminable, Noé lloró pensando en esto.

Una mirada al hombre

Todos a bordo.

De vez en cuando sale un hombre al que no le da miedo obedecer.

No podemos imaginar cómo debió ser parecerse a Noé. Vivió en una cultura corrompida por la inmoralidad y la violencia. De acuerdo al relato, la Tierra estaba literalmente «llena» de estas cosas.

Tan reprensibles eran las vidas de las personas, que Dios se lamentó por haber creado estos portadores de la imagen divina. Tanto fue así que decidió remover a todo hombre de la faz de la Tierra, como un hombre que limpia una mesa con la parte anterior de su mano. ¿Puedes imaginarlo?

Pero en el camino a empezar todo de nuevo, el Señor le echó una segunda mirada a Noé. Su vida como hombre, como esposo y padre era tan ejemplares que, en medio de todo este libertinaje, halló favor en sus ojos. Este hombre, Noé, era justo y sin mancha entre las personas de su época. Por causa de su fidelidad, fue el único hombre al que Dios decidió no destruir.

No tenemos que mirar muy lejos para encontrar una lección en la vida de este hombre. Como en la cultura de Noé, la cultura que rodea nuestras vidas y las de nuestras familias se está ahogando en inmoralidad, corrupción y violencia. Y como Noé, podemos escoger capitular calladamente o pararnos en contra de eso. Una vez decidamos estar firmes, viviendo en obediencia a Dios —que es la parte complicada— intentaremos entender cómo estarlo. ¿A qué se parece someterse a él? ¿Y qué debemos esperar como resultado de esta obediencia?

Encubierto en este relato se encuentra el secreto del éxito de Noé. Él «anduvo fielmente con Dios». Para Noé, rendirse no era una decisión cualquiera o un evento notorio, era un proceso. Una rutina. Un viaje. Una caminata. Obediencia era el resultado natural de esta aproximación metódica. Caminar con Dios significó conocerlo. Conocer a Dios significó amarlo. Amarlo significó oír. Oír, obedecer.

Y obedecer a Dios significó salvación.

Podemos imaginar que décadas de ridiculización sutil y abierta pudieron llevar a que Noé cuestionara a Dios. Tuvo que haber momentos de soledad y duda genuina. Pero tomando un paso a la vez, a lo largo del camino que Dios le había dejado, se mantuvo en la ruta.

La obediencia de Noé lo llevó a preservar no solamente su vida, sino las vidas de su esposa e hijos también. Una vez que el proyecto estuvo completo y todos los que estaban a su alrededor habían rechazado la noción de que Dios en realidad sí destruiría la Tierra con un diluvio catastrófico, Noé y su familia entraron en la seguridad del arca. Luego el Señor cerró la puerta.

De hecho, la fidelidad de Noé —representada en la forma de un arca grande— llegó a ser uno de los símbolos de los refugios de la Iglesia primitiva. Los interiores, en muchas de las grandes catedrales, fueron construidos para parecerse al interior de un barco: un abrigo en tiempos de tormenta, un recordatorio de un hombre obediente que entró con anterioridad a nosotros y fue salvo.

Su legado en la Escritura

Lee Génesis 6:5-22

1. ¿Cómo crees que se siente Dios cuando distorsionamos su imagen en nosotros por nuestro egoísmo, avaricia y violencia? ¿Piensas que Dios se lastima con el pecado? ¿Por qué sí o por qué no?

2. Ponte en el lugar de Noé (cf. Génesis 9-11). ¿Cómo se siente seguir a Dios aun cuando todos a tu alrededor se están dirigiendo hacia la dirección opuesta?

3. Dios no destruyó el mundo completamente, pero llevó a cabo su plan de renovarlo. ¿Qué dice esto al respecto de su misericordia? ¿Cómo puedes reflejar misericordia hacia aquellos que no viven para Dios?

4. Dios no solamente salvó a Noé sino a su esposa, a sus hijos y a las esposas de sus hijos. ¿Qué dice esto al respecto de la forma en que obran las bendiciones de Dios dentro de una familia? ¿Cómo has experimentado la bendición de Dios en tu familia?

Lee Génesis 9:8-16

5. Dios prometió que se acordaría de su pacto todas las veces que apareciera un arco iris en las nubes. Acordarse, en la Biblia, no se refiere

simplemente a recordar algo, sino a preocuparse por eso y cuidarlo. ¿Cómo deja claro, la historia de Noé, el cuidado de Dios por el mundo después del diluvio?

Observación interesante sobre Génesis 5

Es tentador desechar las genealogías en la Escritura, considerándolas listas largas y aburridas de nombres poco familiares. Pero la lectura cuidadosa, a menudo, revela cosas interesantes. Ten en mente que los nombres más importantes en cualquier genealogía bíblica son el primero y el último, usualmente; en este caso: Adán y Noé (junto con sus hijos). El significado del nombre Noé está conectado con ideas de «descanso», de «traer alivio». Cuando el padre de Noé le puso nombre (cf. Génesis 5:29), él lo asoció con el alivio de la maldición original que recayó sobre Adán.

Observación interesante sobre Génesis 8:11

Los árboles de olivo crecen solamente en altitudes bajas. Cuando la paloma retornó al arca con una punta de hoja de oliva fresca en su pico, Noé se dio cuenta cuánto había descendido el agua. La paloma con la rama de olivo en su pico ha llegado a ser un símbolo universalmente conocido de la paz.

SU LEGADO COMO PADRE

La historia de Noé es una de las más sorprendentes de la Biblia. Puede ser también una de las más frecuentemente usadas en las clases de escuela dominical para niños pequeños. Pero no te confundas, este hombre no fue solamente un héroe para libros de niños. Fue un hombre de Dios y un padre de quién podemos aprender mucho.

Por causa de la terrible maldad en la cultura en la cual vivió, Dios pronunció su juicio. Sin embargo, el juicio no cayó sobre Noé, y por buenas razones. «Noé contaba con el favor del Señor» (Génesis 6:8). Y «siempre anduvo fielmente con Dios» (Génesis 6:9). La gracia de Dios, junto con la fidelidad de Noé, le valió la salvación.

Como padres, el mensaje para ti y para mi se encuentra en Génesis 7:1. Dios le dijo a Noé: «Entra en el arca con toda tu familia, porque tú eres el único hombre justo que he encontrado en esta generación».

Se nos han asignado diferentes tareas. Podemos ser doctores, granjeros, vendedores, ejecutivos, obreros, corredores de bolsa o constructores de barcos. Pero dos de las tareas que él ha dejado son comunes para ti y para mí. Debemos: primero, andar fielmente con Dios; y segundo, debemos llevar a nuestras familias con nosotros.

Promesas en la Escritura

«*Cada vez que aparezca el arco iris entre las nubes, yo lo veré y me acordaré del pacto que establecí para siempre con todos los seres vivientes que hay sobre la tierra*»

(Génesis 9:16).

«*Hay porvenir para quien busca la paz*»

(Salmos 37:37).

«*Aunque cambien de lugar las montañas y se tabaleen las colinas, no cambiará mi fiel amor por ti ni vacilará mi pacto de paz, dice el Señor, que de ti se compadece*»

(Isaías 54:10).

Su legado de oración

«Noé contaba con el favor del Señor. Noé era un hombre justo y honrado entre su gente. Siempre anduvo fielmente con Dios»

(Génesis 6:8,9).

Reflexiona sobre: Génesis 8.
Alaba a Dios: por usar a sus seguidores para cumplir sus propósitos.
Da gracias: por la misericordia de Dios hacia la raza humana.
Confiesa: cualquier tendencia a cuidar más lo que el mundo piensa de ti que lo que Dios piensa.
Pídele a Dios: que te muestre qué significa no solamente obedecer un conjunto de leyes, sino permanecer cerca de él a través de toda tu vida... andar con él.

¿Qué pasaría si Noé no contara con el favor de Dios? ¿Si su corazón fuera tan díscolo como el de los otros hombres? ¿Habría Dios perdonando a la raza humana aun cuando no pudiera encontrar ni una sola persona digna de ser salva? ¿O el mundo humano habría simplemente desaparecido? Final de la historia.

La experiencia de Noé con Dios nos recuerda la importancia de llevar una buena vida. No importa qué tan difícil pueda ser permanecer fieles, no importa qué tan insignificante tu vida pueda parecer en ocasiones; ninguna vida es demasiado pequeña a los ojos de Dios. No importa cuáles son tus talentos naturales, cuánto dinero puedas hacer, cuál es tu apariencia física o qué tan inteligente puedas ser. Dios mira tu corazón. Nada más. Si él ve su propio reflejo ahí, te usará... y te sorprenderá darte cuenta un día qué tan poderosamente su gracia ha estado obrando a través de ti, transformando tu familia, tu trabajo y el mundo a tu alrededor.

Señor, dame el valor para seguirte aun cuando las demás personas que me rodean se estén dirigiendo hacia otra dirección. Ayúdame a estar cerca de ti, a no sacarte de mi vida sino a invitarte a que permanezcas dentro. Ayúdame a escuchar tu voz. Por favor, haz la obediencia inmediata el eje de mi carácter. Úsame en formas que ayuden a otros a celebrar tu fidelidad. Oro en el nombre de Jesús, Amén.

Abraham

Sus hijos:	Ismael, Isaac, Zimrán, Jocsán, Medán, Madián, Isbac y Súaj.
Su trabajo:	ganadero.
Su carácter:	fue un hombre de fe que siguió a Dios aun en las circunstancias más desafiantes.
Su lamento:	en ocasiones acomodó las instrucciones de Dios.
Su triunfo:	obedeció a Dios y Dios lo bendijo con un hijo en su avanzada edad.
Escrituras clave:	Génesis 12-23.

SU HISTORIA

Una a una, Abraham tomó las piezas de madera que había cortado, poniéndolas sobre la espalda de su hijo. Luego, deslizó su cuchillo entre su cinturón, tomó la antorcha de su siervo y empezó a ascender la empinada pendiente de la montaña. Solo él y su hijo.

Luego, casi como una idea tardía, se volteó y les dijo a sus siervos, mientras se preparaban para seguir: «seguiremos adelante para adorar a Dios, y luego regresaremos junto a ustedes» (Génesis 22:5).

Abraham e Isaac caminaron en silencio. Desde que habían salido de viaje, tres días antes, Isaac podía decir que algo estaba atormentando a su padre. La espontaneidad y camaradería que marcaba su relación se fueron. La conversación pareció forzada y poco animada.

Isaac no lo sabía, pero un día antes de que dejaran la casa, Dios le había ordenado a Abraham ofrecer a Isaac en holocausto en una de las montañas. El calmado espíritu de Abraham estaba inaguantable con la terrible tarea. Él había esperado toda una vida por este hijo. Ahora Dios le estaba pidiendo el sacrificio más terrible que un hombre pudiera imaginar: un sacrificio que parecía contradecir la promesa que Dios había hecho muchos años atrás: darle un hijo y un heredero para hacer de él una nación únicamente bendecida.

A lo largo del viaje, Isaac no tuvo el coraje para preguntar si algo andaba mal. De hecho, algo le dijo que este silencio embarazoso tenía que ver con él, así que era mejor no preguntar mucho. Pronto lo sabría.

«¡Padre! —dijo finalmente Isaac, mientras iban camino arriba—.

»Dime, hijo mío.

»Aquí tenemos el fuego y la leña ... pero, ¿dónde está el cordero para el holocausto?» (Génesis 22:7 *énfasis añadido*).

Como lanzas, las palabras de Isaac debieron clavarse en Abraham, haciendo más profundo su estrés —incluso su pánico—; pero no le iba a dejar a su hijo alguna noción de incertidumbre. Reuniendo todo el coraje que pudo, el padre de Isaac respondió: «El cordero hijo mío, lo proveerá Dios» (Génesis 22:8).

Cuando alcanzaron el punto que Dios le dijo a Abraham, pararon. Apoyando la antorcha encendida contra una roca, tomó la leña de la espalda de Isaac y la puso cuidadosamente sobre una pila de piedras para formar un altar. Ninguno de ellos dijo nada, pero la emoción del momento debió ser abrumadora. *Lo proveerá Dios. Lo proveerá Dios. Lo proveerá Dios.* La cadencia de esta seguridad se repetía en la mente de Abraham mientras ponía la leña en su lugar.

Quitando la correa de su sandalia, Abraham llamó con la cabeza a su hijo. Calladamente y sin resistencia, el muchacho dio un paso adelante. Con el cuero de la correa, ató las manos de su hijo y lo puso sobre el altar.

¿No lo prometió Dios? Abraham debió revisar el voto de Dios mientras sacaba el cuchillo de la vaina. «Pero es Sara, tu esposa, la que te dará un hijo ... Yo estableceré mi pacto con él y con sus descendientes»

(Génesis 22:19). Y entonces se debió preguntar, ¿cómo puede suceder esto si el hijo del pacto está muerto?

Extendiendo su brazo, Abraham levantó el cuchillo, listo para clavarlo en el pecho de su precioso hijo.

Lo proveerá Dios, Abraham tomó aire una última vez.

«¡Abraham! ¡Abraham! —las palabras de un emisario del Dios Soberano literalmente hicieron temblar el piso.

»Aquí estoy (Génesis 22:11 *énfasis añadido*) —Abraham respondió. Su brazo no se movió.

»No pongas tu mano sobre el muchacho, ni le hagas ningún daño» (Génesis 22:12).

Los nervios en el brazo de Abraham se relajaron mientras este colapsaba a su lado y el cuchillo caía inofensivamente al suelo.

«Ahora sé que temes a Dios, porque ni siquiera te has negado a darme a tu único hijo» (Génesis 22:12).

En ese momento, Abraham miró y vio un carnero que se había enredado con sus cuernos en un matorral. Caminó hacia el arbusto, lo liberó y lo llevó al altar. Recogiendo su cuchillo, cortó la banda que había atado a Isaac.

El muchacho se arrastró fuera del altar mientras su padre ponía al carnero en el mismo sitio donde él yació. Empujando el afilado cuchillo por la garganta del animal, Abraham e Isaac vieron la sangre del carnero escurrirse por la madera hasta el suelo.

La emoción brotó del alma de Abraham. Cerró sus brazos, alrededor de su hijo. En efecto, Dios proveyó.

Una vez más el mensajero de Dios habló con voz

audible: «Como has hecho esto, y no me has negado a tu único hijo ... te bendeciré en gran manera, y multiplicaré tu descendencia como las estrellas del cielo y la arena del mar... Puesto que me has obedecido, todas las naciones del mundo serán bendecidas por medio de tu descendencia» (Génesis 22:16-18).

Cuando el sacrifico terminó y las ascuas finales se extinguieron, Abraham y su hijo bajaron de la montaña. Bajar una colina siempre es más fácil que subirla, pero sin la carga de la madera y la angustia del corazón, la tranquilidad fue aún más maravillosa. La obediencia de Abraham sería generosamente recompensada.

UNA MIRADA AL HOMBRE

Dios proveerá

La vida de Abraham es un estudio sobre la fe, la obediencia y en ocasiones la confianza ciega. Es también la historia de un Dios que cumple las promesas de su pacto.

Abram (después llamado Abraham) y su esposa Saray (después llamada Sara) vivían en Jarán, donde Abraham era un prospero ganadero. Desde todo punto de vista, vivía cómodo. Pero una orden del Dios viviente cambió todo eso.

«Deja tu tierra, tus parientes y la casa de tu padre, y vete a la tierra que te mostraré» (Génesis 12:1). Dios no pronunció sus palabras remilgadamente. Ni siquiera le pidió a Abraham considerar la idea. Le *dijo* que se fuera. Y para volverlo aun más desafiante, no le dijo el destino. Solamente dijo: «vete». Y luego le hizo una promesa: «Haré de ti una nación grande, y te bendeciré» (Génesis 12:2).

Es difícil imaginar qué tan chocantes tuvieron que ser estas noticias para Abraham. Y cuando Sara oyó su reporte sobre lo que Dios había dicho, debió quedar abrumada: «¡Dejar nuestra casa! ¡Irnos de viaje a ninguna parte! ¿Tener un hijo aunque seamos viejos y estériles!».

Pero Sara confió en Abraham, tanto como él en Dios. Le dijeron adiós a sus familias y, junto con su sobrino Lot, sus posesiones y una caravana de sirvientes, partieron rumbo al sur-oeste, hacia Canaán, el área que los descendientes de Abraham llaman «hogar» hasta la fecha.

De vez en cuando, a través de toda su vida, Dios probó la resolución de Abraham a obedecerle. Y vez tras vez, le reconfirmó su promesa: una tierra, un hijo, una nación y una bendición.

Abraham es el más reverenciado de los patriarcas. Su nombre y la promesa de Dios sobre una nación incluso fueron recordadas cuando María aceptó su llamado a ser la madre de Jesús. «Dios acudió en ayuda de su siervo Israel y, cumpliendo su promesa a nuestros padres, no olvidó mostrar su misericordia a Abraham y a su descendencia para siempre» (Lucas 1:54).

Pero el lugar de Abraham, en la historia, no solo está bien establecido por causa de los millones que se cuentan entre su descendencia. Ni es honrado porque fuera un hombre perfecto. No lo era.

Abraham es el patriarca más significativo por causa del llamado y el pacto de Dios con él y el notorio valor para ser obediente.

Su legado en la Escritura

Lee Génesis 22:1

1. ¿Qué significó para Abraham ser puesto «a prueba» por Dios? ¿Cuándo has sentido que Dios pudo estar probándote? ¿Cómo respondiste?

Lee Génesis 17:15-16 y Génesis 22:2

2. Al ordenar a Abraham sacrificar a su hijo, «el único que tienes», «al que tanto amas», Dios parece estar enfatizando la dificultad de lo que estaba pidiendo como contradiciendo la promesa que le hizo. ¿Cuándo has tenido dificultades creyendo las promesas de Dios? ¿Qué cosa en la historia de Abraham puede ayudarte a creer y obedecer a Dios, independiente de tus circunstancias?

Lee Génesis 22:6-8 y Juan 19:16-18

3. Compara estos pasajes. ¿Cuántas similitudes puedes encontrar en la historia de Abraham e Isaac con la de Dios y Jesús?

Lee Génesis 22:9-14, 16-18

4. Ponte en el lugar de Abraham. Considera qué tan difícil debió ser su obediencia. Luego considera su alivio y alegría mientras liberaba a

Isaac. ¿Cómo ha afectado la provisión de Dios tu vida?

5. La fe recorre el sendero de las promesas de Dios. En otras palabras, nuestra fe no se desilusionará si la ponemos a trabajar en conexión con las promesas que Dios claramente ha hecho. Pero las promesas de Dios, a menudo, tienen condiciones ligadas a estas. ¿De qué manera se hace eso evidente en la historia de Abraham?

Hecho interesante

Moria significa el «lugar de provisión de Yahvé». Aunque los académicos no han sido capaces de identificar el lugar preciso de la montaña donde Abraham ofreció su hijo para ser sacrificado, algunas fuentes antiguas lo identifican con el sitio en Jerusalén en el cual el Domo de la Roca (una mezquita musulmana) se ubica actualmente (cf. 2 Crónicas 3:1). De manera interesante, el Domo de la Roca, localizado en la montaña del templo, está solo a unos cientos de metros de la iglesia del Santo Sepulcro, tradicionalmente identificada con el sitio de la crucifixión de Jesús.

SU LEGADO COMO PADRE

La voluntad de Abraham para sacrificar a Isaac es la de un hombre que sabía que la obediencia era más importante que la trágica pérdida de su hijo.

Más que cualquier otra historia en el Antiguo Testamento, la de Abraham está ligada a las promesas de Dios. Deja su tierra porque Dios le promete darle otra. Se asombra cuando le promete un hijo a la edad de cien años, especialmente porque Sara, su esposa, tendrá noventa años cuando dé a luz. Lleva a Isaac a una montaña para sacrificarlo aun cuando este hijo es la personificación de la promesa de Dios. Como resultado de su fe, ve la increíble provisión de Dios. Como resultado de su obediencia, llega a ser el padre, no solo de un hijo o incluso una nación, sino de una multitud de pueblos, a lo largo del tiempo y el espacio; tan numerosos como las estrellas del cielo y los granos de arena en la playa.

Abraham es un gran ejemplo para ti y para mí. Él sabía que su relación con Dios era lo primero. Cuando nosotros oímos su voz —a través de su Palabra, un amigo confiable o su susurro en oración— debemos obedecer. Nada más importa en realidad.

Promesas en la Escritura

«Haré famoso tu nombre, y serás una bendición. Bendeciré a los que te bendigan y maldeciré a los que te maldigan»
(Génesis 12:2-3).

«Estableceré mi pacto contigo y con tu descendencia, como pacto perpetuo, por todas las generaciones. Yo seré tu Dios, y el Dios de tus descendientes»
(Génesis 17:7).

«Puesto que me has obedecido, todas las naciones del mundo serán bendecidas por medio de tu descendencia»
(Génesis 22:18).

Su legado de oración

«No temas, Abram. Yo soy tu escudo, y muy grande será tu recompensa»

(Génesis 15:1).

Reflexiona sobre: Génesis 12:10-20.

Alaba a Dios: por no ocultar sus planes y en vez revelar sus intenciones a través de las promesas que ha hecho.

Da gracias: por la forma en que te has beneficiado por la obediencia de este hombre.

Confiesa: tu incredulidad para creer las promesas de Dios en ocasiones.

Pídele a Dios: que te capacite para hacer tu fe visible a través de tu obediencia.

La historia de Abraham e Isaac, en el monte Moria, es una de las más conmovedoras en la Biblia. Pero la historia de Abraham empieza mucho antes de eso, revelando a un hombre que, en ocasiones, mostró muy poca fe. Sus errores y su término medio son claves en su historia, porque nos muestran que estamos tratando con seres humanos y no con láminas de un álbum de personajes bíblicos. Sus respuestas nos convencen que la fe no crece en la ausencia de las dificultades, sino en medio de estas. Como Abraham, nosotros también tenemos momentos de avance y de retroceso en nuestra vida con Dios. La clave para crecer en la madurez de la fe no es enfocarse en nuestras fallas, sino en la paciente gracia de Dios que nos capacita para eso.

Señor, tu bendijiste a Abraham con tierra, hijos y riqueza. Lo usaste en modos que no pudo imaginar. Pero la mejor promesa de todas fue que tú serías su escudo y su gran recompensa. Señor, sé también mi escudo, así como mi gran recompensa. Oro en el nombre de Jesús, Amén

Isaac

SU NOMBRE QUIERE DECIR *UNO QUE RÍE*

Sus hijos:	Esaú y Jacob.
Su trabajo:	fue un exitoso granjero y pastor.
Su carácter:	el único hijo de Abraham y Sara, cuando era joven fue testigo, a través de la fe de su padre, del significado de la obediencia. Fue amable y muy trabajador.
Su lamento:	cuando estaba viejo y débil fue víctima del engaño de su hijo Jacob. A su pesar, Isaac le dio la bendición que pretendía dar a su hijo mayor, Esaú.
Su triunfo:	es considerado uno de los tres grandes patriarcas. Por milenios su descendencia lo ha reverenciado.
Escrituras clave:	Génesis 25–27.

LUNES

SU HISTORIA

Isaac siempre estaba mirando al cielo. Cuando había abundancia de lluvias, sus cultivos florecían. Pero cuando no había lluvias, no había cosecha. Y cuando no había cosecha, era tiempo de mudarse.

La lluvia había parado de caer. Los meses pasaron y el suelo se volvió polvo. El hambre se asentó como un agrietado cinturón de cuero sobre los tétricos huesos de Canaán. Isaac empacó sus pertenencias y se mudó con su esposa a la región de Guerar, un territorio de los filisteos, al lugar al cual el Señor lo había enviado.

A modo de cortesía, Isaac llamó al Rey Abimélec para contarle al monarca filisteo cuáles eran sus planes y obtener su consentimiento. «Mi rey, solicito su permiso —dijo Isaac—. Nos gustaría hacernos a una casa en el lado norte de esta bella tierra».

«Tú y los tuyos son bienvenidos aquí», Abimélec lo acogió.

Isaac estudió al rey, preguntándose por su preparada acogida. ¿Era porque había oído el antiguo éxito de Isaac como granjero? ¿Sabía de Isaac y de su Dios por la prominencia de su padre Abraham? ¿O era por causa de la hermosa mujer que lo acompañaba?

Mientras Isaac miraba, los ojos del rey observaron a Rebeca de arriba a abajo. «¿Y quién es la mujer que está a tu lado?

Con miedo de que alguien pudiera matarlo por quedarse con ella, arrancó una página del libro de jugadas de su padre: «Es mi hermana», mintió, ignorando la cara de sorpresa de Rebeca y protegiéndola del rey y sus hombres.

No pasó mucho tiempo antes de que la verdad se conociera. Un día, Abimélec observaba por la ventana cuando atrapó a Isaac y a Rebeca en un tierno abrazo. «¡Con que ella es tu esposa! ¿Por qué dijiste que era tu hermana? ¿Por qué nos hiciste eso? … Alguno de nosotros podría haberse acostado con tu esposa, ¡y tu nos habrías hecho culpables de ese pecado!» (Génesis 26:9-10).

Con este engaño al descubierto, Abimélec pudo sacar a Isaac de sus dominios. O peor, pudo ejecutarlo por mentirle. Pero no hizo nada de eso. Al contrario, el rey lanzó un decreto: «Si alguien molesta a este hombre o a su esposa, será condenado a muerte» (Génesis 26:11).

Completamente aliviado, Isaac volvió a trabajar en sus plantaciones y a aumentar sus rebaños. Temporada tras temporada, su éxito le representó una gran riqueza personal, ampliando sus bordes y distanciándose de sus vecinos. La decisión del rey de honrar a Isaac y de mantenerlo en su tierra, haciendo negocios, probó ser una decisión sabia.

Pero Isaac tenía muchos detractores. Sus celos por la bondad del rey hacia Isaac, junto con el éxito de este extranjero —y su despampanante esposa—, hicieron que estos enemigos de mente pequeña se volvieran miserables. Por eso taparon los pozos de Isaac con tierra, esperando sacarlo del negocio.

Sabiendo de la creciente animadversión de su pueblo por Isaac, Abimélec le pidió que se fuera. «Aléjate de nosotros, pues ya eres más poderoso que nosotros» (Génesis 26:16).

De este modo, en honor a la solicitud del rey, y por su propia seguridad, Isaac y Rebeca se mudaron al valle de Guerar. Allí Isaac encontró pozos, cisternas que su padre había cavado y que los filisteos también habían tapado. Pero obtuvo oposición una vez más. Los locales no estaban felices de tenerlo ubicado en su tierra. El agua es nuestra, alegaban. En tanto que Isaac reabría los pozos, les daba nombres que reflejaban el antagonismo que enfrentaba. A uno lo llamó Esek, que significa «pleito». A otro lo llamó Sitna, que significa «enemistad».

Isaac bautizó a otro pozo Rejobot (que significa «espacios libres»), diciendo: «El Señor nos ha dado espacio para que prosperemos en esta región» (Génesis 26:22). Nada podía haber resumido completamente mejor la visión de Isaac.

Después que pasó un tiempo, el Rey Abimélec y dos de sus consejeros, le hicieron una visita a Isaac. Él estaba consternado de manera entendible de ver al rey, y preguntó: «Si tanto me odian, que hasta me echaron de su tierra, ¿para qué vienen a verme?» (Génesis 26:27).

Su respuesta debió ser tan sorpresiva para Isaac como la visita que le habían hecho: «Nos hemos dado cuenta de que el Señor está contigo ... Hemos pensado que tú y nosotros debiéramos hacer un pacto. Tú no nos harás ningún daño, ya que nosotros no te hemos perjudicado, sino que te hemos tratado bien y te hemos dejado ir en paz» (Génesis 26:28-29).

Luego añadieron: «¡Ahora el bendecido del Señor eres tú!» (Génesis 26:29).

Isaac mandó llamar a sus siervos y les ordenó preparar una fiesta para Abimélec y sus consejeros. La noche debió estar llena de gran celebración porque temprano, a la mañana siguiente, los hombres hicieron un compromiso mutuo. Luego Isaac los despidió y ellos lo dejaron en paz.

El corazón de Isaac estaba lleno de gratitud y alegría. Hasta estos líderes paganos reconocieron la bendición de Dios en su vida; el resultado de las promesas del pacto cumplidas.

UNA MIRADA AL HOMBRE

Una nueva forma de obtener éxito

Cuando un hombre es muy exitoso en su trabajo, todo el mundo lo nota. Algunos celebran su prosperidad, pero otros lo odian. Eso es lo que Isaac experimentó. Él es uno de los primeros granjeros en la Escritura, con una remarcable habilidad para la agricultura. «Isaac sembró en aquella región, y ese año cosechó al ciento por uno» (Génesis 26:12). Pero tenía un secreto, algo más poderoso que una estrategia de rotación de cultivos precisa o un fertilizante formulado especialmente: era el Señor que lo bendecía.

La excelencia pía en el mercado y la generosa compensación que le sigue, a menudo, ha sido objeto de controversia entre los creyentes por siglos. Con certeza, se supone que los cristianos aspiren a profesiones de servicio como médicos, misioneros, enfermeras y profesoras. ¿Pero habrá lugar también para gente de negocios competitiva y exitosa en el plan de Dios?

La historia de los años de Isaac y Rebeca en la tierra de los filisteos, ilustra la respuesta a estas preguntas y la razón del por qué. Cuando dejaron Canaán y buscaron un nuevo hogar, el Señor se apareció a Isaac: «No vayas a Egipto. Quédate en la región de la que te he hablado. Vive en ese lugar por un tiempo. Yo estaré contigo y te bendeciré» (Génesis 26:2-3).

Isaac escuchó la voz de Dios y obedeció.

No pasó mucho tiempo antes de que notara la envidia de sus vecinos. La primera vez que el siervo de Isaac le hizo saber que uno de sus pozos fue tapado con tierra, debió ser un fuerte indicador. Nada específico se menciona sobre la reacción de Isaac a este acto de traición, pero no hay indicaciones de que asumiera una actitud airada o vengativa. En su lugar, simplemente envió a sus siervos para destapar de nuevo los pozos o encontrar lugares nuevos.

Después, fue el turno del rey de hacerle una visita a Isaac. Le pidió mudarse, sonando muy parecido a lo del faraón, cientos de años después. Una vez más Isaac pudo molestarse con tal tratamiento. «Después de todo lo que he hecho por usted y por su pueblo —pudo decir Isaac a Abimélec—, ¿esta es la forma en que me trata?».

Pero no lo hizo. En su lugar, Isaac y Rebeca se mudaron, encontrando otro negocio exitoso en una nueva ubicación.

Entonces Abimélec le hizo otra visita a Isaac. En cuanto lo saludaba, el rey filisteo resumió por qué había venido y por qué quería establecer un tratado de paz con Isaac: «Nos hemos dado cuenta de que el Señor está contigo» (Génesis 26:28).

¿Por qué perseguiría un hombre la excelencia en los negocios?

La historia de Isaac claramente nos da la respuesta: Dios había llamado (y dado el talento) a Isaac para este trabajo y él fue obediente; Isaac había mostrado respeto por aquellos con autoridad sobre él; había trabajado duro y sus esfuerzos fueron productivos; e Isaac no permitió el sabotaje de sus enemigos para desalentarlo o distraerlo.

¿Cuál fue el resultado de la fidelidad de Isaac? Dios recibió la gloria y su nombre fue honrado entre quienes previamente no lo conocían o reverenciaban.

SU LEGADO EN LA ESCRITURA

Lee Génesis 22:6-12

1. La historia de Isaac, cerca de la muerte, a manos de su padre, se considera, la mayoría de las veces, desde el punto de vista de Abraham. Pero piensa en Isaac por un momento. ¿Cómo debió ser yacer en el altar? ¿Escapar a la muerte por una fracción de segundo? ¿Ver cómo muere un carnero en tu lugar? ¿Cómo crees que este momento afectó a Isaac el resto de su vida?

Lee Génesis 26:1-14

2. ¿Qué similitudes notas entre la experiencia de Isaac y la de su padre Abraham (cf. Génesis 12:10-13) en este pasaje (Génesis 26:1-6)?

3. Aparentemente, Isaac tuvo bastante fe para quedarse en la tierra de los filisteos, pero no la suficiente para creer que Dios lo protegería mientras estuviera ahí (cf. Génesis 26:7-11). ¿Por qué crees que vaciló? ¿Has experimentado alguna vez una vacilación similar en tu vida? Reflexiona sobre lo que ocurrió durante el tiempo de tu vacilación.

4. ¿Por qué crees que Dios bendijo a Isaac aun cuando él mintió acerca de Rebeca (cf. Génesis 26:12-14)?

Profundizando: lee Génesis 21:9-14 y Gálatas 4:28-31

5.   Isaac era el hijo de la promesa que Dios le hizo a dos personas a las que hace rato se les pasó el tiempo de tener hijos. Como cristianos, ¿de qué manera somos también hijos de la promesa?

SU LEGADO COMO PADRE

¿Cuánto valen tus palabras? Cuando haces una promesa a alguien, ¿realmente quieres cumplirla? ¿O simplemente pasas al asunto siguiente, esperando que si no puedes, nadie lo notará? Una de las lecciones a ser aprendidas de Isaac, como padre, es que cuando un hombre da su palabra, es una promesa.

Isaac tuvo dos hijos. Esaú fue el mayor y, de acuerdo con las costumbres de su época, el primero en la fila para recibir la bendición de su padre, y también para recibir la herencia. Jacob, el segundo, fue un tramposo. Un negociador confabulado y astuto. Y con la ayuda de su madre, se las arregló para recibir la bendición y la herencia que Isaac pretendía para Esaú.

Sin saber nada de esta artimaña, Esaú se acercó a su viejo padre, un poco después, para recibir la bendición debida. En ese momento, Isaac se dio cuenta que había sido engañado y «comenzó a temblar ... muy sobresaltado» (Génesis 27:33) con las noticias, porque el amaba a Esaú más de lo que amaba a Jacob. Pero Isaac ya le había dado su bendición a Jacob, una circunstancia que no se podía repetir. Esaú lloró amargamente; algo que los fuertes hijos mayores raras veces hacen. Pero, a pesar de las súplicas de Esaú, Isaac no se retractó de su promesa a Jacob. Él había dado su palabra.

¿Estaba bravo Isaac con Jacob por su engaño? Absolutamente. ¿Deseó Isaac que se pudiera retractar y dar la bendición a Esaú? Por supuesto. Pero se rehusó a hacerlo.

Isaac fue un padre que fue leal a su palabra. Jesús habló del mismo asunto, cientos de años después, a una gran multitud que debió incluir muchos, muchos padres: «Cuando digan "sí", que sea realmente "sí"; y cuando digan "no", que sea no» (Mateo 5:37).

Promesas en la Escritura

«Yo soy el Dios de tu padre Abraham. No temas, que yo estoy contigo»

(Génesis 26:24).

«El Señor bendice a su pueblo con la paz»

(Salmos 29:11).

«La bendición del Señor trae riquezas, y nada se gana con preocuparse»

(Proverbios 10:22).

SU LEGADO DE ORACIÓN

«Isaac sembró en aquella región, y ese año cosechó al ciento por uno, porque el Señor lo había bendecido»

(Génesis 26:12).

Reflexiona sobre: Génesis 25:1-31.

Alaba a Dios: por su generosidad.

Da gracias: por las formas en que Dios ya te ha bendecido y por todas las formas en las que él pretende bendecirte.

Confiesa: cualquier tendencia para llevarte el crédito por lo que Dios te ha dado.

Pídele a Dios: bendecir ricamente tu vida mientras buscas seguirlo.

Si miras la ecuación divina, en la historia de Isaac, es claro que él recibió mucho más de lo que dio. Dios pidió solo su obediencia, la cual Isaac le dio, aunque de manera imperfecta. En retorno, disfrutó el cumplimiento de la promesa de Dios en forma de tierras, hijos, paz, riqueza y larga vida. La ecuación divina aún funciona de esta manera. Dios nos da todo: refugio, provisión diaria y a su propio Hijo para salvarnos. Solamente un idiota se rehusaría a tal oferta.

Padre, te agradezco por todas las formas en que has prometido bendecir a tu pueblo. Ayúdame a entenderlas y a poner mi fe en ti como áquel que es capaz de llevarlas a su cumplimiento. Ayúdame a obedecer, no importa lo que pidas, confiando en que eres quien dices ser y que harás lo que dijiste que harías. Oro en el nombre de Jesús, Amén.

Jacob

Su nombre quiere decir *EL QUE TOMA POR EL CALCAÑAL O EL QUE SUPLANTA*

Sus hijos: Rubén, Simeón, Leví, Judá, Dan, Neftalí, Gad, Aser, Isacar, Zabulón, José, Benjamín, Dina.

Su trabajo: como siervo contratado por su tío Labán por veinte años (cf. Génesis 31:38), Jacob fue pastor.

Su carácter: con una madre que lo animó, aprendió el arte de la astucia y el engaño. Al robar la bendición paterna a su hermano mayor, fue forzado a huir, experimentando las consecuencias de su comportamiento.

Su lamento: después de siete años de trabajo duro, como pago por Raquel, fue engañado por el padre de ella, Labán, y fue forzado a trabajar siete años más. Durante esos años aprendió, de primera mano, lo que su engaño le causó a su hermano. Más adelante, en su vida, pensó que había perdido a su hijo José, en un ataque por un animal salvaje.

Su triunfo: uno de los momentos más grandes en su vida ocurrió cuando se reconcilió con su hermano. Al final de su vida, recuperó otra relación que parecía haber perdido para siempre: descubrió que su hijo, José, no solo estaba vivo sino que era muy exitoso en Egipto.

Escrituras clave: Génesis 27-31.

S<small>U HISTORIA</small>

Jacob no había planeado este viaje. Un viaje a Jarán, a más de seiscientos cuarenta kilómetros de su hogar, en Canaán, no era algo en lo que quisiera haberse embarcado... especialmente como fugitivo. Pero estaba en problemas. La conspiración entre su madre y él, para robar la bendición de su hermano mayor, había creado un profundo y doloroso cisma en la familia. Con el aliento de Rebeca, se había disfrazado exitosamente de «Esaú» en presencia de su ciego padre y recibió la bendición irrevocable.

Tan terrible fue el choque entre los dos hermanos, que Esaú hizo el voto de que, cuando su padre enfermo muriera, mataría a Jacob. Para enfriar la ira de Esaú y preservar la vida de Jacob, Rebeca le dijo que dejara el hogar. Su destino era la casa de sus abuelos maternos, en Padán Aram. Su objetivo era doble: huir del peligro de su airado hermano y encontrar esposa entre las hijas de su tío Labán.

Las interminables horas de viaje, para este hombre en soledad, proveyeron una amplia oportunidad para que revisara la reciente sucesión de circunstancias y el prospecto de vivir el resto de su vida huyendo de la sed de sangre de su hermano. *Esto no era lo que tenía en mente*, debe haber pensado Jacob para sus adentros. *Pero no tengo a quién culpar sino a mí.*

La ciudad de Luz, cerca de veinticuatro kilómetros de Berseba, estaba en el camino a Jarán. Cuando Jacob finalmente llegó, encontró un lugar para acampar durante la noche. Extendiendo sus mantas y la capa sobre el piso, para hacer una cama, encontró una piedra del tamaño correcto para que le sirviera de almohada y se recostó.

Pero lo que empezó como una noche corriente de sueño reposado, por un día completo de viaje, se volvió una experiencia inolvidable. Una vez dormido, tuvo una visión celestial que recordaría por el resto de su vida. En su sueño, vio una escalera. Su primer escalón tocaba el piso cerca de él, y sus gradas se elevaban hasta los cielos, como el lado inclinado de un poderoso zigurat; y pudo ver ángeles que subían y descendían. Sus ojos siguieron la escalera hacia arriba hasta que, en la misma cima, vio al Señor.

Un vistazo al Creador del universo sería ya lo suficientemente conmovedor, pero luego, el Señor habló: «Yo soy el Señor, el Dios de tu abuelo Abraham y de tu padre Isaac. A ti y a tu descendencia les daré la tierra sobre la que estás acostado. Todas las familias de la tierra serán bendecidas por medio de ti y de tu descendencia. Yo estoy contigo. Te protegeré por dondequiera que vayas, y te traeré de vuelta a esta tierra. No te abandonaré hasta cumplir con todo lo que te he prometido» (Génesis 28:13-15). «En realidad, el Señor está en este lugar, y yo no me había dado cuenta» (Génesis 28:16), dijo Jacob. Entonces, cuando su mente empezó a abrazar la impresionante realidad de lo que había pasado, añadió con susto: «¡Qué asombroso es este lugar!» (Génesis 28:17).

Mientras la salida del sol rompía la oscuridad de la noche, Jacob se puso de pié, levantó la piedra que había usado como almohada, la erigió como una estela, y la llamo Betel o «casa de Dios». Manteniendo la mirada en su monumento provisional, hizo un voto: «Si Dios me acompaña y me protege en este viaje que estoy haciendo, y si me da alimento y ropa para vestirme, y si regreso sano y salvo a la casa de mi padre, entonces el Señor será mi Dios. Y esta piedra que yo erigí como pilar será casa de Dios, y de todo lo que Dios me dé, le daré la décima parte» (Génesis 28:20-22).

Dos décadas después, tuvo otro encuentro divino después de que su tío, que llegó a ser su suegro, le había dado una fuerte dosis de su propia medicina. Los múltiples engaños de Labán debieron recordarle su propensión a la trampa, especialmente cuando le prometió una hija en matrimonio y, secretamente, la sustituyó por otra. Pero permaneció con él hasta que aseguró a las dos hermanas como esposas; luego, reunió a su familia y posesiones y se escabulló.

Jacob estaba huyendo de nuevo. Para añadirle a su ansiedad, estaba próximo a encontrarse con su hermano, Esaú, por primera vez desde que huyó de Canaán. Había llegado el día en el cual tenía que enfrentar al hombre al que le robó la bendición de su padre.

Acampando en la ruta para llevar esto a cabo, en medio de una noche de insomnio, Jacob fue asustado por la presencia de otro hombre. Sorprendido por el intruso, luchó con el personaje en el suelo. Fuerte tanto en espíritu como en músculos, no fue vencido por el hombre, aun cuando lucharon hasta el amanecer. No le tomó mucho tiempo darse cuenta que su contendor no era un simple mortal.

Cuando el hombre se dio cuenta que no iba a prevalecer, tocó la cadera de Jacob, dislocándosela. Incluso a través del dolor, se asió, gesticulando pero determinado a no soltarse.

«—¡Suéltame, que ya está por amanecer! —dijo finalmente el hombre.

»—¡No te dejaré hasta que me bendigas! —respondió Jacob» (Génesis 32:26).

El hombre lo estudió por un momento. «¿Cómo te llamas? ...

»—Me llamo Jacob.

»—Ya no te llamarás Jacob, sino Israel, porque has luchado con Dios y con los hombres, y has vencido» (Génesis 32:27-28).

En ese momento, su nombre cambió de «Jacob», el tramposo, a «Israel», el que lucha con Dios; la toma perfecta del resto de su vida.

UNA MIRADA AL HOMBRE

Una dosis de su propia medicina

Las vidas de algunas personas parecen como un avión planeando, sin sobresalto alguno. Como un jinete en cooperación paralela con su caballo, son capaces de sortear las inevitables subidas y bajadas de la vida en perfecta sucesión. Sin accidentes que les rompan la cara. Sin estrellones que les partan los huesos.

Y hay otros más parecidos a Jacob.

Como un cachorrito, colgando del pantalón de alguien asido de sus dientes, Jacob (que quiere decir «engañador» o «el que toma por el talón») fue arrastrado, sacudido y empujado experiencia tras otra a lo largo de toda su vida. Por supuesto, pudo dejarlo pasar y vivir en relativa paz, pero ese no era él.

Asi que, ¿qué hizo Dios con alguien como él? ¿Lo puso en una esquina como a un niño desobediente o lo consignó a un salón de detenidos? No. En lugar de hacerlo a un lado o de ocultarnos su historia llena de aventuras, lo amó (cf. Romanos 9:13); estuvo atento a su crecimiento al enviarle adversarios que lo desafiaran, lo cuidó lo suficiente como para hacerle varias visitas personales y, finalmente, cambió el curso de su vida al cambiarle el nombre.

Un gran argumento que plaga a intelectuales y laicos por igual, es este: ¿por qué Dios escoge a alguien y no a otro? ¿Por qué, por ejemplo, Dios puso su soberana mano sobre los judíos, en el Antiguo Testamento, con la obvia exclusión de otros pueblos? Hay bibliotecas llenas de volúmenes sobre esta inquietante pregunta.

Sin embargo, la verdadera pregunta no debe ser por qué Dios parece obviar a algunos, sino, considerando nuestros pecados y nuestros deseos amotinados, ¿por qué escoge favorecer a uno cualquiera?

Revisando la vida de Jacob, vemos a un hombre al que Dios amó con especial cariño y afecto. Dios lo vio como un paradigma de su pueblo; capaz de iguales cantidades de rebelión y arrepentimiento, de desobediencia y confesión.

Una de las confirmaciones del peculiar amor de Dios por Jacob fue su vida llena de adversidades. Los conflictos dentro de su familia eran obvios. Siendo por siempre el hermano menor, debió ser menospreciado por el favoritismo de su padre hacia su hermano mayor. Debió sentirse manipulado por las estratagemas de su madre cuando lo usó para cumplir los planes de ella. Vivió con frustración en la casa de Labán. Y conocía el implacable espanto de vivir como fugitivo. De todas estas cosas era culpable, pero Dios lo estaba preparando para la grandeza.

Para los creyentes, la presencia de Dios, a través de la persona del Espíritu Santo, es constante. Pero solo hay una pequeña cantidad de registros en la Escritura sobre encuentros cara a cara entre Dios y las personas. En su primer sueño, Jacob ve a Dios en el tope de la escalera al cielo. «Yo estoy contigo. Te protegeré por dondequiera que vayas» (Génesis 28:15), le dijo el Señor. Veinte años más tarde, Dios, en forma humana, se encuentra con él.

Como una plantilla perfecta de su viaje espiritual, él se asió al hombre enviado por el Señor. Y luego, justo antes de que el hombre lo dejara lisiado, le dio un nombre nuevo y lo bendijo cuando se lo pidió. Por fin, él aprende que la bendición que cuenta es la que viene del Padre de todos.

Puede que conozcas a alguien como Jacob. Puede que *seas* como Jacob. Dios te ama. La adversidad es su regalo para ti. Su presencia, a través de su Espíritu, es real. Y él te ha dado un nombre nuevo. Tú eres cristiano.

SU LEGADO EN LA ESCRITURA

Lee Génesis 25:22-26

1. Como Sara, la madre de Isaac, Rebeca, la esposa de Isaac, parecía incapaz de tener hijos. Los dos estuvieron casados veinte años hasta que ella, finalmente, le dio gemelos: Esaú y Jacob. Era casi como si Dios estuviera poniendo los obstáculos para cumplir su promesa. ¿Por qué crees que Dios permitió que las cosas se desenvolvieran de esta manera?

2. Dios hizo una elección poco convencional al escoger al hijo más joven por encima del mayor. ¿Qué dice esto acerca de la sorprendente forma en que Dios escoge cumplir sus promesas?

Lee Génesis 27:1-13, 27-35

3. ¿Qué revela este complot entre madre e hijo acerca de sus caracteres? ¿Necesitaba Dios esta clase de ayuda para asegurar que la bendición de la promesa pasara a través de Jacob y no de Esaú? ¿Por qué si o por qué no?

4. ¿Qué clase de dinámica familiar estaba obrando en la casa de Jacob para permitirle robar la bendición a su hermano? ¿Qué dice esto acerca de la capacidad de Dios para alcanzar sus pro-

pósitos a pesar de las debilidades y del pecado humanos?

Lee Génesis 29:16-27

5.   Poco después de engañar a su padre y roba-
do la bendición de su hermano, Jacob huyó
para proteger su vida a Padán Aram, la casa
de su tío Labán. Siete años después, llegó a ser
el engañado en vez del engañador, al caer en
la trampa de su tío para que se casara con su
hija mayor. ¿Tiene implicaciones esta historia
al respecto de cómo nuestras acciones hacia
otros pueden devolvérsenos? Si es así, ¿cómo?

Profundizando: lee Génesis 32:22-31

6.   Esta escena tuvo lugar veinte años después de
que Jacob huyó de su casa para escapar de la
ira de su hermano. Hasta ahora, su vida había estado marcada por una serie de luchas. En
este pasaje lo vemos luchando no solo con simples humanos, sino con Dios, insistiendo: «¡No
te dejaré hasta que me bendigas!» (Génesis
32:26). ¿Por qué crees que recibió el nombre de
Israel? ¿Cuál es el significado de la cojera que
obtuvo durante esta lucha sobrenatural? ¿Has
sentido alguna vez que estás en alguna forma
de lucha con Dios? Si es así, ¿cómo?

JUEVES

Su legado como padre

Como padre, tú sabes que tratar a tus hijos con igualdad puede ser un reto mayor. En sus últimos años, Jacob (Israel) nos da un tremendo recordatorio de lo que pasa cuando un padre no trata igualmente a su familia.

José, el hijo undécimo de Jacob, debió hacer sentir a su anciano padre muy orgulloso. Trabajaba duro en los campos y le comentaba lo que sucedía al interior de su familia. Jacob le permitió al joven José llegar a ser su confidente y emisario personal, y lo recompensaba abiertamente por el lugar especial que tenía en su corazón de padre.

Los hermanos de José reaccionaron de manera predecible. La tonta indiscreción de su padre los forzó, como era de esperarse, a odiar a su pequeño hermano.

Tratar a cada uno de nuestros hijos con igual cantidad de atención, amor y disciplina, promoverá la mejor relación posible que puedan tener. Afectivamente, seleccionar a uno de tus hijos —quizás al que, por alguna jugada del destino genético, llegará a ser el académico o el atleta que tu nunca fuiste— bien podría sentenciar a tus hijos a la rivalidad y a la amargura.

Nuestros hijos deben experimentar la medida completa del amor de su padre. Si no lo hacen, puede que encuentren una forma de llamar tu atención... tal como vender al «favorito de papá», a personas totalmente extrañas.

Promesas en la Escritura

«Que Dios te conceda el rocío del cielo; que de la riqueza de la tierra te dé trigo y vino en abundancia»

(Génesis 27:28).

«Yo estoy contigo. Te protegeré por dondequiera que vayas, y te traeré de vuelta a esta tierra. No te abandonaré hasta cumplir con todo lo que te he prometido»

(Génesis 28:15).

«Porque así dice el Señor omnipotente, el Santo de Israel: En el arrepentimiento y la calma está su salvación, en la serenidad y la confianza está su fuerza»

(Isaías 30:15).

Su legado de oración

«Al despertar Jacob de su sueño, pensó: "en realidad, el Señor está en este lugar, y yo no me había dado cuenta... Es nada menos que la casa de Dios; ¡es la puerta al cielo!»
(Génesis 28:16-17).

Reflexiona sobre:	Génesis 28:10-22.
Alaba a Dios:	por estar contigo aun cuando no lo sabías.
Da gracias:	por la determinación de Dios para cumplir sus promesas.
Confiesa:	cualquier tendencia a «ayudar» a Dios usando los medios incorrectos.
Pídele a Dios:	que te dé mayor confianza en su capacidad para proveerte, y a las demás personas bajo tu cuidado.

Uno de los más famosos sueños registrados alguna vez fue el que Jacob tuvo cuando huía de su hermano. Inmerso en la soledad, usando una piedra como almohada, soñó con una escalera que conectaba la Tierra con el cielo. En su sueño, vio ángeles moviéndose hacia arriba y hacia abajo. Despertó con un sentimiento de horror, comprometiéndose a devolver a Dios una décima parte de todo lo que le diera en el futuro. Por un momento, él no estaba planeando más trampas y salirle al paso a otros. En vez de eso, simplemente estaba respondiendo en actitud de adoración, dando gracias y confiando en el Dios que había prometido cuidar de él.

Señor, ayúdame a sentir tu presencia en mi vida y a descansar en la confianza de que puedes tener cuidado de mí, mucho mejor de lo que yo podría hacerlo. Te agradezco por todo lo que me has dado. Por favor, dame la fe para hacer a un lado algunas de estas bendiciones, de manera que pueda devolvértelas. Oro en el nombre de Jesús, Amén.

Aarón

Sus hijos: Nadab, Abiú, Eleazar e Itamar.

Su carácter: su rol fue uno primordialmente pasivo: hacer y decir todo lo que Moisés le dijera. Aunque estuvo al lado de Moisés, a través de toda la lucha contra el faraón, parecía incapaz de erigirse por sus medios como líder. Cuando Moisés estuvo ausente, por cuarenta días, cedió a las insistentes demandas de la gente por un dios para adorar. En otra ocasión, sin embargo, se le unió a Moisés en detener una plaga que amenazó con destruir a sus compatriotas por causa de su rebelión.

Su lamento: desobedeció al Señor al presidir un incidente de falsa adoración. En otra ocasión, se enojó con Dios, uniéndose a su hermana Miriam, al no estar de acuerdo con el liderazgo de su hermano.

Su triunfo: haber hablado la Palabra de Dios, confiada a él a través de Moisés, y haber actuado eventualmente como mediador entre Dios y los hombres, proveyendo para la expiación del pecado y la reconciliación del pueblo con Dios.

Escrituras clave: Éxodo 20:1-6; 28; 32; Números 12:1-15.

Su historia

Aarón estaba tan perplejo como cualquiera por la larga ausencia de su hermano, Moisés, en el campamento. Moisés y su ayudante, Josué, habían estado en la montaña cuarenta días y noches. ¿Se comieron los animales salvajes a su hermano? ¿Caería desde un acantilado? ¿Fue quemado por el fuego que cubría la cima del monte Sinaí?

Creciendo la impaciencia y el miedo, los israelitas, abajo en el valle, se reunieron alrededor de Aarón y demandaron: «Tienes que hacernos dioses que marchen al frente de nosotros, porque a ese Moisés que nos sacó de Egipto, ¡no sabemos qué pudo haberle pasado!» (Éxodo 32:1). Aarón abrió su boca para responderles, pero no salió ni una palabra. ¿Qué podía decir? Moisés siempre proveyó las palabras, directo desde la boca de Dios. Pero por más de un mes no hubo palabras, y el desasosiego estaba creciendo en las personas. Tenían necesidad de certeza de la Presencia Divina, temerosos de que perecieran sin un dios que los guiara en su peregrinaje por el desierto.

Aarón tuvo que actuar. La gente lo demandaba. Así que les dijo a los israelitas: «Quítenles a sus mujeres los aretes de oro, y también a sus hijos e hijas, y tráiganmelos» (Éxodo 32:2). Luego, tomó el oro e hizo un ídolo en forma de becerro, esperando que el toro le recordara a la gente el poder y la fuerza de Dios.

Pero tan pronto como el becerro emergió del fuego destellando y mostrando su color dorado, los líderes gritaron: «Israel, ¡aquí tienes a tu dios que te sacó de Egipto» (Éxodo 32:4). Intentando redirigir la adoración de ellos, Aarón construyó un altar en frente del becerro y anunció: «Mañana haremos fiesta en honor del Señor» (Éxodo 32:5). Así que, al día siguiente, la gente se levantó temprano y presentaron holocaustos. Pero con el pasar del día, empezaron a adorar al becerro en una orgía de bebedores, portándose más como paganos que como personas que adoraban al Señor.

Mientras tanto, en la montaña llamada Sinaí, Moisés había disfrutado cuarenta días y noches en la presencia de Dios; donde el Señor le había encargado, con instrucciones detalladas, cómo modelar la vida de su pueblo. Los primeros dos de los diez mandamientos, que Dios había escrito en tablas de piedra, eran estos:

«No tengas otros dioses además de mí. No te hagas ningún ídolo, ni nada que guarde semejanza con lo que hay arriba en el cielo, ni con lo que hay abajo en la tierra, ni con lo que hay en las aguas debajo de la tierra. No te inclines delante de ellos ni los adores. Yo, el Señor tu Dios, soy un Dios celoso. Cuando los padres son malvados y me odian, yo castigo a sus hijos hasta la tercera y cuarta generación. Por el contrario, cuando me aman y cumplen mis mandamientos, les muestro mi amor por mil generaciones» (Éxodo 20:4-6).

Día tras día, Moisés habló con Dios. En el día cuarenta, oyó su voz, y esta vez había ira en esta.

«Baja, porque ya se ha corrompido el pueblo que sacaste de Egipto. Este es un pueblo terco. Tú no te metas.

Yo voy a descargar mi ira sobre ellos, y los voy a destruir. Pero de ti haré una gran nación» (Éxodo 32:7,9-10).

Pero Moisés le suplicó a Dios, recordándole su pacto.

«Señor, ¿por qué ha de encenderse tu ira contra este pueblo tuyo, que sacaste de Egipto con gran poder y con mano poderosa? ¿Por qué dar pie a que los egipcios digan que nos sacaste de su país con la intención de matarnos en las montañas y borrarnos de la faz de la tierra? ¡Calma ya tu enojo! ¡Aplácate y no traigas sobre tu pueblo esta desgracia! (Éxodo 32: 11-12).

El Señor en su gracia se aplacó, y Moisés empezó a descender la montaña, llevando las dos tablas que contenían el escrito de Dios.

Cuando Aarón vio a Moisés, se sintió aliviado y, sin embargo, asustado de lo que pasaría ahora. Tan pronto como Moisés vio el becerro y el baile, lanzó las tablas al piso, rompiéndolas en pedazos al pié de la montaña. Entonces tomó el becerro y lo fundió en el fuego y lo machacó hasta hacerlo polvo. Lo esparció en el agua e hizo que el pueblo la bebiera.

Luego, dirigió su atención a Aarón: «¿Qué te hizo este pueblo? ¿Por qué lo has hecho cometer semejante pecado?» (Éxodo 32:21).

Aarón intentó excusarse: «Hermano mío, no te enojes. Tú bien sabes cuán inclinado al mal es este pueblo» (Éxodo 32:22). Como tú no regresabas, demandaron una imagen para adorar.

A Moisés eso le sonó como la más vieja de las excusas; como la que Adán había utilizado para excusarse a sí por su desobediencia en el Edén, diciéndole a Dios:

«La mujer que me diste por compañera me dio de ese fruto, y yo lo comí» (Génesis 3:12).

Ese día, Moisés le ordenó a los levitas matar a quienes habían sido infieles. Tres mil personas murieron como resultado. Luego le habló a Dios en representación de todo el pueblo, diciendo:

«¡Qué pecado tan grande ha cometido este pueblo al hacerse dioses de oro! Sin embargo, yo te ruego que les perdones su pecado. Pero si no vas a perdonarlos, ¡bórrame del libro que has escrito!» (Éxodo 32:31-32).

Pero Dios se rehusó castigar a Moisés, y dijo en vez de eso: «Sólo borraré de mi libro a quien haya pecado contra mí. Tú ve y lleva al pueblo al lugar del que te hablé. Delante de mi irá tu ángel» (Éxodo 32:33-34).

Después de tan grande traición, Dios llevó a Moisés, a Aarón y a todo el pueblo a través del desierto, prometiendo todavía ser su Dios, prometiendo todavía que los guiaría a una tierra donde fluyera leche y miel. Y todos los días de su vida, Aarón permaneció como sacerdote de Dios.

Una mirada al hombre

Un intercesor imperfecto

Después del incidente con el becerro, Aarón debió caer en cuenta de la seriedad de su falla para guiar al pueblo y de su propia necesidad de perdón. Debió darse cuenta que su vida estaba en peligro por causa de la ira de Dios. Pero fue perdonado por causa de la misericordiosa respuesta de Dios a las oraciones de su hermano.

Aarón fue un hombre que presenció el poder de Dios sobre el faraón y que estuvo por un momento en la montaña con Moisés y vio la gloria de Dios. Como uno que fue apartado por Dios para jugar un papel importante entre su pueblo, tenía una parte única a desempeñar en la historia de la salvación. Y sin embargo, dado su parentesco con Moisés, aun el llamado de Dios a ser sacerdote, no lo eximió del poder de la tentación del pecado.

De ahí en adelante, cada vez que ejerciera sus deberes sacerdotales, como mediador entre el Dios Santo y el pueblo pecador, no estaría en capacidad de llegar delante del Señor con un aire de justificación propia, como si solo la gente, y no él, fuera culpable de pecado. Por causa de su debilidad, sería capaz de simpatizar con la debilidad del pueblo de Dios.

La capacidad de un sacerdote de simpatizar con la gente, como resultó, era solo la mitad de lo que Dios había planeado. Siglos después habría un hombre que personificaría perfectamente el rol de Sumo Sacerdote, simpatizando no solo con la debilidad de su pueblo, sino resistiendo el poder de la tentación. Por causa suya, ahora estamos en capacidad de acercarnos a Dios, confiando en que su actitud hacia cada uno de nosotros está marcada por su gracia y misericordia (cf. Hebreos 4:14-16).

SU LEGADO EN LA ESCRITURA

Lee Éxodo 28:29-30, 36-38

1. En estos pasajes, el Señor instruyó a Moisés acerca de cómo debería diseñarse el atuendo sacerdotal. ¿Qué significan estos atuendos acerca del rol de Aarón como sacerdote?

Lee Éxodo 32:1-14

2. ¿Qué dicen las acciones de Aarón acerca de su carácter? ¿Acerca de su liderazgo?

3. Los israelitas vieron ya la increíble evidencia del poder de Dios: las diez plagas de Egipto, la partición del mar Rojo, la provisión milagrosa del maná en el desierto. ¿Por qué crees que todavía estaban tentados a adorar un ídolo?

4. ¿Por qué crees que Dios se refiere a los israelitas como «el pueblo que sacaste de Egipto» (Éxodo 32:7)?

5. Moisés intercedió por Aarón y el pueblo de formas específicas en los versículos 11 al 13. Comenta la naturaleza y efectividad de su oración.

Profundizando: lee Números 12:1-15

6. Moisés, Aarón y Miriam eran todos profetas a través de los que Dios hablaba. Sin embargo, Aarón y Miriam se irritaron por estar bajo el li-

derazgo de su hermano menor. ¿Qué dice esta historia acerca del poder del pecado para invadir la comunidad del pueblo de Dios, a pesar de lo poderoso que fue el poder de Dios entre ellos?

7. En su rol como sacerdote, Aarón fue mediador entre Dios y el pueblo, haciendo sacrificios delante de un Dios Santo para tratar el pecado y la debilidad del pueblo. Imperfecto como era, su sacerdocio prefiguró el sumo sacerdocio perfecto de Jesús. El libro de Hebreos, deja esto claro:

«Por lo tanto, ya que en Jesús, el hijo de Dios, tenemos un gran sumo sacerdote que ha atravesado los cielos, aferrémonos a la fe que profesamos. Porque no tenemos un sumo sacerdote incapaz de compadecerse de nuestras debilidades, sino uno que ha sido tentado en todo de la misma manera que nosotros, aunque sin pecado. Así que acerquémonos confiadamente al trono de la gracia para recibir misericordia y hallar la gracia que nos ayude en el momento que más la necesitemos» (Hebreos 4:14-16).

¿Por qué es importante tener un sumo sacerdote que pueda tanto simpatizar con nuestra necesidad como resistir el pecado?

SU LEGADO COMO PADRE

Como resultaron las cosas, los problemas de liderazgo de Aarón no estaban confinados a sus fallas sacerdotales en sus responsabilidades sobre los israelitas. Estos problemas incluían algunos inconvenientes serios en la casa.

Aarón tuvo cuatro hijos y cada uno de ellos siguió los pasos de su padre como sacerdote.

Nadab y Abiú, sus hijos mayores, estaban por ofrecer un sacrifico a Dios. Aunque la Biblia no da todos los detalles, sí dice de este sacrificio que Dios «no se lo había mandado». No importa si estos hombres fueron desafiantes en este acto ilegal o solamente descuidados en cuanto a lo que estaban haciendo. De cualquier forma, el resultado fue letal. «Entonces salió de la presencia del Señor un fuego que los consumió, y murieron ante él» (Levítico 10:2).

Por supuesto, estos eran hombres adultos. A pesar del mal ejemplo que su padre les había dado, en los años anteriores por el desierto, *tenían* la capacidad de tomar una buena decisión delante del Señor. Pero el patrón que siguieron era justo como el de su padre; su tonta espontaneidad fue un recordatorio del terrible episodio con el becerro de oro.

Los hijos mayores son responsables delante de Dios por sus acciones. Ninguna excusa servirá. Pero el ejemplo que sus padres les dejen, puede ponerlos en un curso que modele la fe, la obediencia, la fidelidad y la disciplina... o algo más.

Promesas en la Escritura

«Si Dios está de nuestra parte, ¿quién puede estar en contra nuestra? El que no escatimó ni a su propio Hijo, sino que lo entregó por todos nosotros, ¿cómo no habrá de darnos generosamente, junto con él, todas las cosas?»
(Romanos 8:31-32).

«Pondré mis leyes en su corazón, y las escribiré en su mente. Y nunca más me acordaré de sus pecados y maldades»
(Hebreos 10:16-17).

«Si vivimos en la luz, así como él está en la luz, tenemos comunión unos con otros, y la sangre de su Hijo Jesucristo nos limpia de todo pecado»
(1 Juan 1:7).

Su legado de oración

«Aarón hizo lo que Moisés le dijo, y corrió a ponerse en medio de la asamblea. El azote divino ya se había desatado entre el pueblo, así que Aarón ofreció incienso e hizo propiciación por el pueblo. Se puso entre los vivos y los muertos, y así detuvo la mortandad»

(Números 16:47-48).

Reflexiona sobre: Hebreos 4:14-16.

Alaba a Dios: por proveernos un gran Sumo Sacerdote.

Da gracias: porque Dios nos ha dado un camino para que regresemos a él.

Confiesa: cualquier forma de orgullo que te haga querer vivir la vida estrictamente en tus términos.

Pídele a Dios: que incremente tu confianza en su perdón.

Dios había llamado a los israelitas «un pueblo terco», porque estaban constantemente quejándose, cuestionandose, resistiéndose y rebelándose. En una ocasión, cuando la gente estaba lista para armar una revuelta y volver a Egipto, Aarón se paró en medio de ellos y detuvo una plaga que estalló como resultado del juicio de Dios. El pecado siempre trae su conjunto de plagas en forma de relaciones rotas y vidas desperdiciadas. Pero

Cristo está listo para pararse entre los vivos y los muertos, en capacidad de frenar los efectos mortales del pecado, de manera que podamos vivir en la presencia de Dios.

Padre, tú ya sabes qué tan terco puedo ser a veces. No me dejes extraviarme siéndolo contigo, ni siquiera en las cosas más pequeñas. Ayúdame a llegar al trono de la gracia, confiado en que recibiré la ayuda que necesito. Oro en el nombre de Jesús, Amén.

Acán

Sus hijos:	tenía hijos e hijas, pero no se dan los nombres (cf. Josué 7:24).
Su carácter:	codiciaba el botín de guerra y su intento por esconder su pecado lo llevó a una situación que puso en peligro la relación de Israel con Dios. Al no considerar el mandamiento de Dios, trajo problemas y juicio sobre su pueblo.
Su lamento:	su desobediencia resultó en la pérdida de muchas vidas, incluyendo la suya.
Su triunfo:	haber participado en la victoria sobre Jericó.
Escrituras clave:	Josué 7:1– 8:2.

SU HISTORIA

Era el momento en que despuntaba el día séptimo. Durante los pasados seis días, Jericó había estado sitiada. Pero no hubo arietes, escaleras o hachas. Tampoco hubo carrozas o soldados bien armados, listos para lanzarse a la ciudad tan pronto hubiera una abertura en los muros. Solamente había hombres marchando, días tras día, en una procesión silenciosa alrededor de los muros, con trompetas sonando mientras rodeaban la ciudad. Cada hombre tenía la boca cerrada, exactamente como Josué los había instruido para marchar en silencio, sin decir palabra alguna ni gritar hasta que él les diera la orden de hacerlo a voz en cuello.

Al principio, hubo rechiflas de los centinelas sobre los muros, pero después de seis días, el sitio había creado un sentimiento de temor entre los habitantes de Jericó; tan fuerte que silenció incluso esos escándalos. ¿Cuánto tiempo se mantendrían los israelitas marchando? ¿Estaban planeando tomarse la ciudad con magia o con trampas? ¿Cuándo darían el golpe? El incesante sonar de las trompetas crispaba sus nervios y los asustaba.

Mientras el sol salía sobre Jericó, Acán, de la tribu de Judá, se unió al resto del ejército de Israel, quedando en la línea, justo atrás de los sacerdotes que marchaban delante del arca. En esta ocasión, los soldados procedieron a darle vueltas a la ciudad, no una sino siete veces, y Acán miró arriba las caras que ya empezaban a parecerle familiares: los guardias de Jericó que cumplían su deber parados sobre los muros de la ciudad. «Todos ellos —pensó— estarán muertos cuando el sol se ponga».

Un poco antes, Josué instruyó a los israelitas, diciéndoles: «Jericó, con todo lo que hay en ella, será destinada al exterminio como ofrenda al Señor (todos y todo iba a ser destruido). Sólo se salvarán la prostituta Rajab (una mujer que había protegido a los espías de Israel) y los que se encuentren en su casa. No vayan a tomar nada de lo que ha sido destinado al exterminio para que ni ustedes ni el campamento de Israel se pongan en peligro de exterminio y de desgracia. El oro y la plata y los utensilios de bronce y de hierro pertenecen al Señor: colóquenlos en su tesoro» (Josué 6:17-19 *énfasis añadido*).

Repentinamente, Acán oyó el sonido de un toque de trompeta, seguido por la orden urgente de Josué: «¡Empiecen a gritar! ¡El Señor les ha entregado la ciudad!» (Josué 6:16). Un fuerte grito salió de todo el pueblo, y las murallas de Jericó se desmenuzaron como el pan viejo entre los dedos de un hombre. Junto con todos los demás israelitas, Acán se lanzó a la ciudad, asesinando a los enemigos de Israel, sin perdonar a ninguno. Aun los animales fueron pasados por la espada.

Después de un tiempo, cuando el caos había disminuido, Acán se encontró solo en una casa. Pasando sobre los cuerpos muertos, vio algo que lo atrapó rápidamente y lo absorbió: el botín de la nueva tierra: una preciosa manta colgada sobre una silla, un montón de plata y una barra de oro. Tal vez la gente que vivía allí, planeó escapar con sus tesoros. Recordó la advertencia de Josué al respecto de que los botines pertenecían al Señor. Cualquier hombre que actuara de otro modo le llevaría problemas a Israel. Pero, ¿qué problemas podrían venir con solo tocar el manto y sentir el peso de la plata y el oro? Con toda seguridad, la prenda era la más fina que había visto en su vida.

¿De verdad pretendía Dios que algo tan maravilloso como la manta fuera destruida? ¿No había prometido dar la tierra a su gente, una tierra en la que fluía leche y miel? ¿Por qué —pensó Acán— *debo privar a mi familia de las buenas cosas que mis propias manos se han ganado?* Frotó la manta contra su piel, acariciándola como si fuera una amante con la cual no puede partir. Entonces, arropó el oro y la plata cuidadosamente en los pliegues de la túnica, ocultando el precioso paquete y huyendo de la casa, justo a tiempo para ver los hombres que corrían a través de la ciudad prendiéndola en fuego.

Tras la derrota de Jericó, Josué envió tres mil hombres a Hai, un pueblo a veinticuatro kilómetros al oeste. Pero aunque su ejército debió obtener una victoria fácil, fueron derrotados, y treinta y seis hombres murieron asesinados. Aturdido por este revés repentino en batalla, Josué se postró rostro en tierra ante el arca del Señor, exclamando: «Señor y Dios, ¿por qué hiciste que este pueblo cruzara el Jordán, y luego lo entregaste en manos de los amorreos para que lo destruyeran? ¿Qué puedo decir ahora que Israel ha huido de sus enemigos? Los cananeos se enterarán y llamarán a los pueblos de la región; entonces nos rodearán y nos exterminarán. ¡Qué será de tu gran prestigio!

»¡Levántate! —le ordenó el Señor— ¿Qué haces allí postrado? Los israelitas han pecado y han violado la alianza que concerté con ellos. Por eso los israelitas no podrán hacerles frente a sus enemigos. Y si no destruyen ese botín que está en medio de ustedes, yo no seguiré a su lado» (Josué 7:7-12 *énfasis añadido*).

Así que Josué le ordenó a los israelitas reunirse temprano, a la mañana siguiente, y Acán salió con otros hombres de la tribu de Judá. Mientras el sol pasaba detrás de una nube, Acán tembló, colocando sus brazos cruzados en su pecho como protegiéndose contra sombras que avanzaban. Una por una, fueron jugadas suertes para determinar quién había violado el mandamiento de Dios. Primero, la tribu de Judá fue seleccionada. Luego, el clan de Zera. Luego, la familia de Zabdí, la familia de Acán. Quería correr pero no podía, como anclado en un sueño del que no podía escapar. Hombre a hombre, cada miembro de la familia fue llamado adelante hasta que, finalmente, inevitablemente, la suerte cayó sobre Acán, el hijo de Carmí, el hijo de Zabdí el hijo de Zera, de la tribu de Judá.

«Es cierto —confesó Acán, las palabras se agolpaban en su boca— que he pecado contra el Señor, Dios de Israel. Esta es mi falta: Vi en el botín un hermoso manto de Babilonia, doscientas monedas de plata y una barra de oro de medio kilo. Me deslumbraron y me apropié de ellos. Entonces los escondí en un hoyo que cavé en medio de mi carpa. La plata está también allí, debajo de todo» (Josué 7:20-21 *énfasis añadido*).

Entonces Josué, junto con todo Israel, tomó a Acán, la plata, el manto, la barra de oro, sus hijos e hijas, su ganado, burros y ovejas, su tienda y todo lo que él tenía en el valle de Acor. Y dijo Josué: «¿Por qué has traído esta desgracia sobre nosotros? ¡Que el Señor haga caer sobre ti esa misma desgracia!» (Josué 7:25).

Entonces el pueblo de Israel lo apedreó, y después de hacerlo también con su familia, los quemaron. Sobre Acán colocaron un gran montón de piedras que permaneció por muchos años. Después, Josué envió una fuerza de treinta mil guerreros a atacar a Hai y Dios entregó la ciudad en sus manos.

Una mirada al hombre

Sin lugares para ocultarse

Puede que Acán no fuera un hombre malo, al menos en principio. Tras vivir muchos años en el desierto, incluso puede que haya alimentado sueños de cómo sería la vida en la tierra prometida, donde podría construir una vida para su familia. Pudo haberse lanzado contra Jericó, pretendiendo seguir completamente las órdenes del Señor. Pero luego vino la oportunidad de hacer las cosas de otra manera. Y ahí es cuando su resolución se desvaneció.

La desobediencia de él produjo, entonces, una clase de idiotez en su vida: intentó esconder lo que había hecho, enterrando bienes robados bajo su tienda. Pero los estaba ocultando del Dios que lo creó, del mismo Dios que partió el mar Rojo y el río Jordán, y del Dios que acababa de causar que las murallas de una ciudad fortificada se desmenuzaran sin que un arma se levantara contra esta. ¿Por qué fue Acán tan tonto como para pensar que Dios tendría un tiempo difícil viendo a través de su pequeño engaño?

Es la naturaleza del pecado esconderse. Considera tu propia experiencia. ¿No es difícil admitir tu pecado a otros? ¿Y no es más difícil admitirlos para ti? La mayoría ha encontrado formas ingeniosas de esconder la fealdad del pecado de nosotros y de los otros racionalizando, excusando e incluso olvidando las cosas que hemos hecho mal. Pero la historia de Acán nos dice que a Dios no lo podemos burlar nunca con esta clase de distracciones.

La simple obediencia y el poder de la gracia de Dios que limpia son las mejores defensas contra el pecado. Pero cuando fracasamos en hacer las cosas correctas, debemos recordarnos no agrandar el problema al ocultar lo que hemos hecho. En lugar de eso, podemos ir directamente a Dios, expresar nuestro lamento y pedir su perdón, confiados en que él nos lo dará.

SU LEGADO EN LA ESCRITURA

Lee Josué 6:16-21

1. Esta práctica de «destinar al exterminio como ofrenda al Señor» (Josué 6:17), todo lo que había en la ciudad, puede parecernos muy ruda. Moisés abocó por esta idea, señalando que de otra manera los pueblos nativos de la tierra prometida llevarían a los israelitas a adoración de ídolos y otras formas de corrupción (cf. Deuteronomio 16- 18). Con todo, debemos ser cuidadosos para entender el contexto de la historia antigua, tal como se desenvolvió en un lugar y tiempo específico. Utilizar tal historia para promover hoy el tratamiento injusto de individuos o grupos completos de gente sería leer mal la Escritura con consecuencias terribles. ¿Entonces cómo vamos a aplicar esta historia? Puede ayudar el considerar si hay un paralelo espiritual en tu vida. ¿Qué cosas necesitan ser completamente destruidas antes de que puedas seguir a Dios con todo el corazón?

Lee Josué 7:1-25

2. ¿Por qué crees que el versículo 1 describe a Acán en términos de sus relaciones tribales? El pecado de él resalta la verdad de que no hay

tal cosa como una moralidad privada. ¿Cómo has visto que el pecado afecte una comunidad completa?

3. Los israelitas de antaño operaban bajo nociones de justicia diferentes a las que nosotros tenemos. En el caso de Acán, la familia entera fue destruida por su pecado. Lee Ezequiel 18:1-4, 14-24 y comenta cómo el desenvolvimiento de la revelación de Dios a Ezequiel ayudó a los israelitas a entender cómo pretende Dios tratar con el pecado y la justicia de los individuos.

4. La derrota de Israel, a manos de una fuerza mucho más pequeña de enemigos, señala el efecto de esparcimiento del pecado entre la comunidad del pueblo de Dios. ¿Por qué crees que el pecado de Acán afectó a todos los demás? ¿Cómo afectan tus pecados a la comunidad de creyentes?

5. Acán describe su tentación en detalle: «Un hermoso manto de Babilonia ... una barra de oro de medio kilo» (Josué 7:21). Casi podemos imaginarlo manoseando el manto mientras se maravillaba por la manera en que estaba hecho. Qué pena, debió haber pensado, destruir tan bellas vestiduras. En ese momento, Acán sucumbió a la tentación central del pecado: hacer lo que creyó correcto en vez de hacer lo que Dios dijo que era correcto. ¿Cómo puedes guardarte contra la tentación de basar tus acciones en tu propio juicio en vez de basarlas en el juicio de Dios?

Profundizando: lee Josué 7:25-26

6. ¿Cómo difería este memorial de piedras del que antes hicieron los israelitas, después de cruzar el río Jordán? (cf. Josué 4:4-7). ¿Qué estaba tratando de decir Dios a su pueblo cuando empezaron la conquista de Canaán?

SU LEGADO COMO PADRE

El relato de la desobediencia de Acán es uno de los más gráficos de toda la Biblia. Es tan fuerte y violento que muchos profesores se han visto tentados a saltárselo en vez de traer a colación preguntas predecibles acerca de la impensable dureza de Dios. Acán es una silueta trágica contra el fondo del pueblo escogido por Dios. Pero imagina cómo debió ser uno de sus hijos.

Sin duda, los hijos e hijas escucharon sobre la sorpresiva derrota de los israelitas en Hai. Treinta y seis mil hombres habían muerto en una batalla que no debió causar la muerte de ninguno. Y ahora Josué estaba asustado. Ordenó una asamblea improvisada con todos los hombres de Israel. Miles estuvieron listos mientras las suertes se repartían, apartando a los inocentes del único hombre culpable que se atrevió a desafiar el mandato incuestionable de Dios el Señor.

El pulso de los hijos de Acán debió acelerarse en tanto que las suertes se cerraban sobre su padre. Una dolorosa suerte tras otra, el proyector se abrió camino hasta su padre. Vieron con horror mientras Acán —el hombre al que amaban y en el cual confiaban— cayó a los pies de Josué, rogando en vano misericordia.

Solamente podemos imaginar cómo se sintió Acán cuando se acercaba a su familia, mientras esta lo esperaba. Su misión no era solamente decirles que Josué había pronunciado una sentencia de muerte por *su* desobediencia, sino que cada miembro de su familia, incluso sus animales, serían pronto castigados y aplastados y sus cuerpos serían enterrados bajo un montón de piedras.

Cuando un padre escoge desobedecer las leyes, mandamientos y preceptos de Dios, claramente prescritos, no es solo su corazón el que sufre las consecuencias. Sus hijos también, a menudo, están en la línea para cargar las cicatrices en forma de patrones y hábitos pecaminosos que se reproducen de una generación a la siguiente.

Promesas en la Escritura

«No seas sabio en tu propia opinión; más bien, teme al Señor y huye del mal. Esto infundirá salud a tu cuerpo y fortalecerá tu ser»

(Proverbios 3:7-8).

«Así dice el Señor: Deténganse en los caminos y miren; pregunten por los senderos antiguos. Pregunten por el buen camino, y no se aparten de él. Así hallaran el descanso anhelado»

(Jeremías 6:16).

«Pero si tú le adviertes al justo que no peque, y en efecto él no peca, él seguirá viviendo porque hizo caso de tu advertencia, y tu habrás salvado tu vida»

(Ezequiel 3:21).

Viernes

Su legado de oración

«*¡Ojalá su corazón esté siempre dispuesto a temerme y a cumplir todos mis mandamientos, para que a ellos y a sus hijos siempre les vaya bien!*»

(Deuteronomio 5:29).

Reflexiona sobre: Deuteronomio 6:1-3.

Alaba a Dios: porque el objetivo de sus mandamientos es bendecirnos, no esclavizarnos.

Da gracias: porque Dios no ha escondido sus mandamientos de nosotros.

Confiesa: cualquier tendencia a darle más valor a tu opinión acerca del curso de una acción que a la opinión de Dios.

Pídele a Dios: que te haga lo suficientemente humilde para darte cuenta de que no siempre sabes qué es mejor.

El miedo es una cosa saludable si evita que un hijo pequeño cruce una calle llena de carros él solo, o si evita que el pequeño juegue con un perro bravo. Similarmente, temer a Dios, como un hijo teme a sus padres, es una parte saludable de la vida cristiana, porque nos protege de peligros que a menudo no podemos ver o entender. La historia de Acán trae a casa las consecuencias; porque un hombre falló en temerle a Dios lo suficiente, como para cumplir un mandamiento que no entendía completamente. Su vida debe recordarnos las buenas cosas que nos perderemos si vivimos de manera que mostremos desprecio por la Ley de Dios.

Padre, quiero obedecer tus mandamientos, todos. Pero sé, por experiencias pasadas, que no puedo solamente rechinar mis dientes y dejarlo así. La única forma en que puedo hacer lo que me pides es descansando en el trabajo de tu Espíritu Santo dentro de mí, fortaleciéndome y cambiando mi corazón. Señor, ayúdame a temerte, a amar tu Palabra y a actuar de manera que te honre. En tu nombre Jesús, Amén.

David

Sus hijos: Amnón, Daniel, Absalón, Adonías, Sefatías, Itreán, Samúa, Sobab, Natán, Salomón, Ibjar, Elisúa, Elpélet, Noga, Néfeg, Jafía, Elisama, Belyadá, Elifelet y Tamar.

Su trabajo: un pastor de oficio, llegó a ser el segundo rey de Israel.

Su carácter: un hombre lleno de contrastes, todo lo hizo con completa pasión. Aunque pecó terriblemente, su arrepentimiento fue profundo y duradero. La Escritura se refiere a él como «un hombre conforme al corazón de Dios».

Su lamento: durante su vida tuvo de luchar frente a frente con su pecado y la severidad del castigo de Dios, en cosas como la muerte de sus hijos y su imposibilidad para construir el templo.

Su triunfo: bajo su liderazgo, la nación de Israel alcanzó prominencia como nunca antes.

Escritura clave: 1 Samuel 17.

Lunes

Su historia

«¡David!».

La voz de Isaí hizo eco en la ladera de la montaña, hasta que llegó a oídos de un joven pastor que cuidaba su rebaño en un prado a las afueras de Belén.

«¡David!».

El joven reunió sus cosas y corrió a casa para encontrarse con su padre Isaí, que tenía una tarea para él. «Toma esta bolsa de trigo tostado y estos diez panes, y vete pronto al campamento para dárselos a tus hermanos. Lleva también estos tres quesos para el jefe del batallón. Averigua cómo les va a tus hermanos, y tráeme una prueba de que ellos están bien. Los encontrarás en el valle de Elá, con Saúl y todos los soldados israelitas, peleando contra los filisteos» (1 Samuel 17:17-19).

El joven pastor accedió rápidamente. El frente de batalla sonaba mucho más emocionante que los pastos de cualquier forma. Así que David hizo los arreglos para el cuidado de su rebaño y partió para encontrarse con sus hermanos. Aunque el viaje hasta el frente solo duró una mañana, este cambió el curso de su vida.

Llegó al campo justo cuando el ejército estaba marchando a su posición de batalla. Ansioso por ver a sus hermanos mayores en acción, corrió a la línea del frente. Para su sorpresa, en lugar de un ejército de filisteos, se encontró con que los israelitas se enfrentaban solamente a un hombre y a su escudero, que se erguían desafiantes ante ellos en el campo abierto. Ese hombre, sin embargo, medía alrededor de uno ochenta metros de altura, y su armadura pesaba tanto como un hombre de mediana estatura. Cual chico malo, en el patio de un colegio, el gigante dibujó una línea en la arena, desafiando a los israelitas.

«¿Por qué no escogen un hombre que se me enfrente? —gritaba— Si es capaz de hacerme frente y matarme, nosotros les serviremos a ustedes; pero si yo lo venzo y lo mato, ustedes serán nuestros esclavos y nos servirán. ¡Yo desafío hoy al ejército de Israel! ¡Elijan un hombre que pelee conmigo!» (1 Samuel 17:8-10 *énfasis añadido*).

Por cuarenta días consecutivos, las palabras de Goliat habían bramado a través de todo el valle de Elá e ido directo al corazón y a las rodillas tambaleantes del aterrorizado ejército israelita. Incluso Saúl, su poderoso líder, estaba asustado.

Serpenteando entre las filas de soldados, David importunaba a cualquiera que le quisiera prestar atención: ¿Qué dicen que le darán a quien mate a ese filisteo y salve así el honor de Israel?» (1 Samuel 17:26).

Templados hombres de infantería bajaban la mirada para ver quién estaba haciendo esta pregunta presuntuosa. Si no hubiera venido de un simple muchacho, estarían ofendidos por la insinuación. Pero dada la situación, se reían entre dientes por su ingenuidad.

En la multitud de soldados estaba Eliab, el hermano mayor de David. ¿Quién es ese?, se preguntó. Su voz suena familiar. Dándose la vuelta, le dio rabia ver a su pequeño hermano David. «¿Qué has venido a hacer aquí? —lo recriminó— ¿Con quién has dejado esas pocas ovejas en el desierto? —los celos brotaban de sus labios— Yo te conozco. Eres un atrevido y mal intencionado. ¡Seguro que has venido para ver la batalla!

»¿Y ahora qué hice? —le respondió David— ¡Si apenas he abierto la boca!» (1 Samuel 17:28-29 *énfasis añadido*).

Pronto Saúl, el rey de Israel, oyó que había un joven en el campamento provocando la ira de sus hombres. «Vayan y tráiganmelo», ordenó Saúl a sus lugartenientes.

Las primeras palabras de David, mientras entraba a la presencia del comandante en jefe de los ejércitos de Israel (un lugar en el que pocos soldados tenían el derecho de estar), fueron estas:

«—¡Nadie tiene por qué desanimarse a causa de este filisteo! Yo mismo iré a pelear contra él.

»—¡Cómo vas a pelear tú solo contra este filisteo! —replicó Saúl—» (1 Samuel 17:32-33). Su corazón estaba lleno de una mezcla de indignación y compasión. Goliat ha sido un guerrero toda la vida.

Eso era todo lo que el muchacho necesitaba oír. «Yo también he sido un guerrero toda la vida», dijo David, mientras con absoluta confianza le relataba su experiencia al rey. «Si este siervo de Su Majestad ha matado leones y osos, lo mismo puede hacer con este filisteo pagano, porque está desafiando al ejército del Dios viviente. El Señor, que me libró de las garras del león y del oso, también me librará del poder de ese filisteo» (1 Samuel 17:36-37).

Saúl nunca vió un coraje igual. *Si solo mis soldados pudieran decir lo mismo*, debió haber pensado Saúl. *Si solo tuviera la fe de este muchacho*, pudo haber añadido.

Momentos después, un muchacho, sosteniendo solamente una honda y cinco piedras ligeras, se paró frente al gigante completamente armado que sostenía una espada, cuya sola punta pesaba quince libras. «¿Soy acaso un perro? —gritó Goliat— ¡Ven acá, que les voy a echar tu carne a las aves del cielo y a las fieras del campo!

»Tú vienes contra mí con espada, lanza y jabalina, pero yo vengo a ti en el nombre del Señor Todopoderoso, el Dios de los ejércitos de Israel, a los que has desafiado —le respondió David» (1 Samuel 17:43-45 *énfasis añadido*).

Un instante después, el gigante no era sino un cadáver sin cabeza, y su sangre caliente empapaba la arena seca del valle de Elá.

De acuerdo al trato que él había ofrecido, la derrota de Goliat suponía transformar a los soldados filisteos en siervos de los israelitas. Pero a pesar de las reglas del juego, huyeron por sus vidas cual niñitos de colegio asustados. Quedar frente a frente no con un gigante sino con un emisario del Dios vivo, había asustado a los filisteos hasta la muerte y alterado el balance de poder entre las dos naciones.

Una mirada al hombre

El joven que sería rey

Es tema de la cinematografía épica: laderas de montañas llenas de miles de soldados empujándose, ejércitos estruendosos y con todo en juego. Pero el alma de la historia de David y Goliat es real. Es la historia de un joven que se arrojó a la vida con gran abandono, confiado como estaba en la bondad y el poder del Dios de Abraham, Isaac y Jacob.

Hay dos momentos definitivos en la niñez de David. El primero ocurrió cuando Samuel visitó la casa de su padre, buscando al hombre que un día sería rey. El hijo más joven y el candidato menos probable, David, llegó de la pradera para recibir la unción del profeta y luego se volvió a trabajar.

El segundo momento definitivo vino cuando se encontró con Goliat, en un enfrentamiento que determinaría el resultado de la batalla. Predecesores de los antiguos griegos, los filisteos, estaban acostumbrados a decidir las batallas en la arena en vez de hacerlo entre los ejércitos. Además de ahorrar vidas, tales enfrentamientos satisfacían el deseo de hacer de la guerra un deporte. Siglos después, Roma utilizaría la misma idea. El ejército filisteo debió pensar que ya lo tenía ganado con un guerrero como Goliat en sus filas. Pero no consideraron al joven que creía que Dios era capaz de cualquier cosa. Serpenteándose entre los soldados de Israel, las inocentes preguntas de David se enfrentaron con desdén y burla. Pero David estaba pasmado por la falta de fe de los israelitas.

Incluso el rey estaba asustado: «¿No sabe usted para quién está peleando? —le preguntó David a Saúl— ¿Dónde está su confianza en él?».

El coraje que David mostró, cuando era joven, para defender el rebaño de su padre de los animales salvajes y después para defender al pueblo de Dios del malvado «gorila», lo acompañó durante toda su vida. Y la misma confianza en el Dios de sus padres marcó su vida en los años por venir.

Aunque no era un hombre perfecto, confesó sus pecados con la misma confianza desbordada en Dios que había marcado sus acercamientos previos. Y como nunca culpaba a otros diferentes a él cuando caía, recibió la misericordia de Dios sin impedimento alguno.

Casi quinientos años después, el profeta Isaías escribiría:

«Busquen al Señor mientras se deje encontrar, llámenlo mientras esté cercano. Que abandone el malvado su camino y el perverso sus pensamientos. Que se vuelva al Señor, a nuestro Dios, que es generoso para perdonar, y de él recibirá misericordia» (Isaías 55:6-7).

Tal vez Isaías estaba recordando a David, el hombre cuyo coraje, confianza, fe, contrición y dependencia en la misericordia de Dios no conocía límites.

David vivió sin contenciones. Ningún gigante lo detendría. Tomó las promesas del Dios viviente para sí y se aferró a la vida con la certidumbre de saber que Dios estaba con él. Este fue el legado del «hombre conforme al corazón de Dios».

SU LEGADO EN LA ESCRITURA

Lee 1 Samuel 17:1-50

1. ¿Qué indica la escena en los versículos 1 al 11 sobre la condición de Israel y la fe de Saúl en las promesas del pacto de Dios?

2. Tan asombroso como era el coraje de David, también es asombroso que Saúl lo enviara al frente como el campeón de los israelitas, puesto que la derrota del muchacho hubiera significado la derrota de toda la fuerza de Israel. ¿Por qué crees que corrió el riesgo?

3. Goliat, el gigante que se veía imposible de derrotar, fue despachado rápidamente por un muchacho armado solamente con una honda, una piedra y una fe inconmovible que debió, para muchos, parecer más idiotez. ¿Cuándo has necesitado esta clase de fe para derrotar un obstáculo abrumador? Describe las circunstancias.

Profundizando: lee 1 Samuel 24:1-15

4. Saúl se volvió tan celoso con David que este último huyó al desierto por temor a su vida. ¿Qué te dice este pasaje acerca del carácter de David?

5. David fue el rey más grande de Israel. Por supuesto, las profecías en la Escritura hebrea

concernientes al reino eterno, no se cumplie-
ron durante su vida. En lugar de eso, se reser-
varon para el Hombre al cual los Evangelios a
menudo se refieren como «el Hijo de David»,
Jesucristo. El Salmo 22 es uno de los muchos
salmos que se atribuye a David. Léelo todo de
una vez y piensa sobre cómo expresa su historia, particularmente durante el período cuando
estaba huyendo de Saúl. Ahora léelo de nuevo
a la luz de lo que sabes acerca de la historia de
Jesús.

SU LEGADO COMO PADRE

La hoja de vida de David estaba llena de grandes logros. Matar leones y osos para proteger el rebaño de su padre y derrotar a un gigante con solamente una piedra son únicamente unos de estos. Pero el desempeño de David, como padre, estuvo marcado por la tragedia.

Absalón fue el cuarto hijo de David (Salomón fue el décimo). De muchas maneras, Absalón tenía los talentos de su padre. Era un gran estratega y líder por naturaleza y tenía una gran simpatía con el pueblo. Pero odiaba a su padre y estaba liderando una rebelión contra él. David no tenía deseos de enfrentarse a su hijo. Esta actitud de David dividió el reino peligrosamente. Muchos siguieron a Absalón, otros permanecieron fieles a David.

Por supuesto, David se volvió vulnerable por causa de su propio pecado. Cada persona de su familia supo de su adulterio con Betsabé y su intento de arreglar las cosas con el asesinato de su esposo. Su pobre ejemplo de auto-disciplina pudo haberle impedido ser el padre que su hijo desesperadamente necesitaba. Como con todo padre pecador, David sabía que su hijo lo podía desafiar con su hipocresía: «¿Quién *te* crees que eres?». Podía haber aprovechado la oportunidad Absalón. Así que David estaba asustado de tratar con su hijo y, como resultado, lo perdió para siempre.

Sin importar cuáles sean sus pecados o faltas personales, Dios les ha dado a los padres el privilegio de ser líderes para sus hijos, de amarlos... de tratar directamente con su rebeldía. Ellos tienen esta responsabilidad, y no desde una plataforma de perfección sino desde un llamado a la obediencia.

Promesas en la Escritura

«Cuando tu vida llegue a su fin y vayas a descansar entre tus antepasados, yo pondré en el trono a uno de tus propios descendientes, y afirmaré su reino. Será él quien construya una casa en mi honor, y yo afirmaré su trono real para siempre. Yo seré su padre, y él será mi hijo»
(2 Samuel 7:12-14).

«Aun si voy por valles tenebrosos, no temo peligro alguno porque tú estás a mi lado; tu vara de pastor me reconforta»
(Salmos 23:4).

«Muchas son las calamidades de los malvados, pero el gran amor del Señor envuelve a los que en él confían»
(Salmos 32:10).

Su legado de oración

«El Señor es mi roca, mi amparo, mi libertador; es mi Dios, el peñasco en que me refugio. Es mi escudo, el poder que me salva, ¡mi más alto escondite! Él es mi protector y mi salvador»
(2 Samuel 22:2-3).

Reflexiona sobre: 2 Samuel 22.
Alaba a Dios: por sus promesas.
Da gracias: por la fidelidad de Dios para cumplir sus pactos.
Confiesa: el pecado no confesado que evita que sirvas a Dios con todo tu corazón.
Pídele a Dios: una voluntad renovada para seguirlo.

La gran canción de alabanza de David da crédito a quien tiene que darlo. Es una canción que recuenta el fiel amor de Dios con glorioso detalle, especificando todo lo que ha hecho por él: salvarlo de hombres violentos, sacarlo de aguas profundas, rescatarlo de enemigos poderosos y bajar al lugar de David para hacerlo grande. Es la oración de un hombre íntimamente familiar y con el carácter de Dios.

Él sabía lo que el Señor estaba dispuesto a hacer por la persona que confiara en él. Pero en lugar de pedirle a Dios que haga algo por ti hoy, haz la oración de alabanza de David como si fuera tuya. Alaba a Dios con glorioso detalle por todo lo que él ya ha hecho.

Señor, te alabaré por todo el bien que has hecho por mi. Por oír mi oración y rescatarme. Por levantarme cuando estaba en problemas. Por bendecirme de formas que no podría haber imaginado. Por derrotar a mis enemigos. Por ser mi refugio y escudo. ¡El Señor vive! ¡Alabada sea la Roca! ¡Exaltado sea Dios, la Roca, mi Salvador! Oro en el nombre de Jesús, Amén.

Job

SU *TRABAJO:* ERA UN GRANJERO MUY RICO, PASTOR Y
PROPIETARIO DE TIERRAS.

Sus hijos:

hijos e hijas (todos murieron), después siete hijos y tres hijas: Paloma, Canela y Linda.

Su carácter:

ninguna otra persona en el Antiguo Testamento tiene una hoja de vida más remarcable. «Un hombre recto e intachable, que temía a Dios y vivía apartado del mal. Entre todos los personajes del oriente era el personaje de mayor renombre» (Job 1:1,3).

Su lamento:

a excepción de su vida y la de su esposa, perdió todo: ganado, camellos, ovejas, casas, siervos y diez hijos. Ningún otro en toda la Escritura —excepto Jesús— sufrió más que él. Luego, para añadirle a su devastación física, tuvo que aguantarse el interrogatorio y el desdén de tres amigos que claramente no sabían lo que estaban hablando.

Su triunfo: al final fue vindicado por el Señor, que lo bendijo con más riquezas de las que tenía antes. El Señor también le dio diez hijos más.

Escrituras clave: Job 1:2-40.

SU HISTORIA

«¡Amo, amo, amo... algo terrible ha ocurrido!».

El joven mensajero nunca fue tan sincero. Ignorando el protocolo, empujó a los siervos y se lanzó por la puerta que daba a la cámara privada donde cenaba Job.

Job se paró y caminó hacia el mensajero en pánico. Tomando al hombre por los hombros con sus manos, trató de calmarlo, pero estaba inconsolable.

«Los sabeanos... vinieron a nuestros campos... robaron nuestro ganado: los bueyes, los burros... y... mataron todos los siervos». Entre bocanadas de aire, el hombre le dijo que fue el único en sobrevivir. Con estas palabras, el hombre colapsó contra el pecho de Job, y lloró como un niño.

Job acercó al mensajero, pero su mente era un caos. *¿Los sabeanos? ¡No tengo enemigos entre los sabeanos! ¿Qué ha provocado este ataque? Debo ir y...* Antes de que pudiera terminar su pensamiento, otro mensajero entró corriendo a la habitación. Su cara y sus manos estaban negras por el hollín, sus ropas estaban chamuscadas y humeantes.

«¡Fuego! —gritó—. ¡Fuego ha caído de los cielos... fuego como nunca lo he visto... los cielos se abrieron y las llamas se regaron sobre nuestros campos!».

«Dime lo que viste —le ordenó Job con los ojos fijos en la cara frenética del hombre—. Dímelo todo».

«Sus ovejas estaban pastando en los campos, mi señor. Hubo un sonido, como un trueno... pero no había nubes». El joven buscaba palabras.

«Continúa, continúa», le ordenó Job, su voz se elevaba a niveles poco comunes.

«Fuego descendió del cielo y destruyó las ovejas, mi señor. Y los siervos...». Hizo una pausa cuando se dio cuenta de lo que estaba por decir. «Todos los siervos están muertos excepto yo». Empezó a llorar. Su cuerpo temblaba con los sollozos. Job acercó hacia él al mensajero mientras las lágrimas rodaban.

¿Fuego? La mente de Job escudriñaba las posibilidades. *¿Fuego de los cielos? ¡Cómo pudo esto...*

Llegó aún otro mensajero corriendo a las cámaras, interrumpiendo su pensamiento. Le contó a Job de los caldeos: unos a pie, otros a caballo, pero todos con armas. «Tres hordas de ellos descendieron a tus campos, mi señor. Mataron tus camellos y a los siervos que los cuidaban. Fui el único que escapó».

«¿Los caldeos? —pensó Job— ¿Qué les he hecho a los cal...».

Otro mensajero arremetió en la habitación en ese momento, con los ojos vidriosos y la cara llena de cenizas. Sus labios se movían pero no profería sonido alguno. Con toda seguridad no podía haber más malas noticias, pensó Job. Se paró frente al hombre golpeado por el pánico y lo agarró por los hombros, temiendo para sí lo peor.

«¿Qué ocurrió?», le preguntó Job al mensajero, insinuando con su voz una calma resignada. Para sus adentros, ya sabía lo que estaba por venir.

Como si estuviera en trance, el cuarto mensajero habló calmadamente: «Tus hijos e hijas están muertos». Las manos de Job cayeron de los hombros del hombre. No habló. «Un viento poderoso vino barriendo el desierto —dijo el mensajero— La casa colapsó sobre tus hijos. Fueron aplastados bajo el peso de las paredes y el techo. Ninguno sobrevivió. Sólo yo logré escapar».

Job se quedó parado sin movimiento. Unas nauseas tremendas se formaron en su estómago. Sus ojos estaban abiertos, pero no los enfocaba en ninguna parte. Tomando su manto con ambas manos, rasgó el atuendo de arriba abajo. No mostró ira. No había rabia. Solamente dolor y un pesar inexplicable. Y luego, repentinamente, el corazón se le llenó de un extraño sentido de horror.

Llamó a sus siervos y les ordenó rasurar su cabeza. Luego, despejando la habitación, cayó al piso en adoración.

«Desnudo salí del vientre de mi madre, y desnudo he de partir. El Señor ha dado; el Señor ha quitado. ¡Bendito sea el nombre del Señor!» (Job 1:21).

Una mirada al hombre

El enfrentamiento

Todo parece muy injusto. Dios y Satanás se subieron por las esquinas opuestas y empujaron al desprevenido Job a la arena.

«—No hay en la tierra nadie como él; —aseveró Dios— es un hombre recto e intachable, que me honra y vive apartado del mal» (Job 1:8 *énfasis añadido*).

—Por supuesto que él es fiel —se mofó Satanás—. Job no es ningún idiota. Mira lo que le has dado. ¿Quién no sería justo con toda esa prosperidad? Tiene el negocio andando bien (Dios sabía muy bien adónde se dirigía esta conversación). Él escribió el libreto antes de que la Tierra se formara. Pero abre tu mano y déjame golpear todo lo que tiene —se burló—. Si hago esto, te maldecirá en tu cara. Destruye sus cosas y después veremos qué tan recto es él.

—Muy bien —le respondió Dios—. Sus posesiones son todas tuyas.

En ese momento, Job caminó solo a la arena. Y en menos de un solo día, lo perdió todo: quinientas yuntas de bueyes y quinientas asnas, siete mil ovejas y tres mil camellos. En solo unas pocas horas, casi todos sus siervos estaban muertos; y luego, en un soplo final y devastador, sus siete hijos y tres hijas fueron destruidos por un tornado.

Job estaba desecho y resuelto.

Pero Satán no estaba listo para ceder. «Abre tu mano y déjame castigar su cuerpo —se reía de Dios entre dientes—, nadie puede manejar esa clase de dolor. Con seguridad te maldecirá en tu cara».

«Muy bien —repitió Dios—. Su cuerpo es tuyo, pero no puedes matarlo».

Entonces, justo cuando Job estaba enterrando a su último hijo, dolorosas llagas le salieron por todo el cuerpo. Desde la coronilla hasta la planta de los pies, estaba cubierto de heridas horribles.

Su esposa vió bastante. «¿Todavía mantienes tu integridad? —se mofó—. ¡Maldice a Dios y muérete!» (Job 2:9 *énfasis añadido*).

Pero Job se rehusó: «Si de Dios sabemos recibir lo bueno, ¿no sabremos recibir lo malo?» (Job 2:10).

Entonces aparecieron tres de los amigos de Job. Por una semana se sentaron calladamente con su amigo sufriente. Nadie habló ni una sola palabra. En principio, su bondad abrió el corazón de Job. Luego abrió su boca. Empezó el lento y descendiente espiral de preguntas: «¿Por qué?». «¿Por qué?», le preguntó a un amigo, sacudiendo su cabeza como si no se lo creyera todavía. «¿Por qué?», le pregunto a otro, agarrándose las manos. «¿Por qué?», gritó al cielo. Maldijo el día en que nació y manifestó sus ansias de morir.

Entonces Job y sus tres «amigos» entraron en un diálogo que duró muchos días. La conversación fue profundamente filosófica, tediosa y depresiva. Las palabras de sus «amigos» ni confortaban ni ayudaban.

«¿Hasta cuándo van a estar atormentándome y aplastándome con sus palabras?», se lamentó finalmente Job.

Entonces Dios le habló a Job: «Prepárate para hacerme frente — empezó el Todopoderoso—. Yo te cuestionaré y tú me responderás».

Job nunca había oído algo como eso.

«¿Dónde estabas cuando puse las bases de la tierra? —le preguntó el Dios Soberano—. ¡Dímelo, si de veras sabes tanto! ¡Seguramente sabes quién estableció sus dimensiones!» (Job 38:4-5 *énfasis añadido*).

El soliloquio de Dios continuó sin interrupciones. Expuso la grandeza de su creación y el misterio y poder de su esencia.

Job estaba atolondrado por las palabras de Dios y abrumado por su presencia en medio de su dolor. «De oídas había oído hablar de ti —dijo Job finalmente—. Pero ahora te veo con mis propios ojos» (Job 42:5 *énfasis añadido*).

SU LEGADO EN LA ESCRITURA

Lee Job 23

1. ¿Cuál es la visión que tiene el mundo del sufrimiento? ¿Qué razones le da la gente al sufrimiento?

2. Encuentra las palabras en este pasaje que subrayan la profunda soledad de Job. Habla sobre un momento en que hayas tenido sentimientos similares.

3. Encuentra las palabras en este pasaje que describen su continuo amor a Dios. ¿Cómo puede el sufrimiento realzar nuestra devoción al Señor?

Profundizando: lee Job 38:1-2

4. Job estaba matriculado en un postgrado. Su pérdida y su dolor y las conversaciones entre sus amigos fueron la matrícula; Dios y él fueron los trabajos a presentar. Estas son las primeras palabras del comienzo del discurso de Dios. ¿Qué crees que significan?

Lee Job 42:1-3

5. Estas palabras representan el diploma de Job. ¿Qué significan?

6. ¿Qué nos dice hoy la experiencia de Job con respecto al sufrimiento?

Su legado como padre

En un solo día, Job perdió todas sus posesiones —perdiendo así su forma de ganarse la vida— y a sus hijos... y en pocos días, su propia salud. ¿Cómo podía un Dios amoroso permitir que un hombre que fue tan recto sufriera de esta manera? ¿Qué estaba haciendo en realidad con Job... y por qué?

Hacia el final de la historia, obtenemos un vistazo de la respuesta. Dios estaba haciéndole a Job una pregunta simple: «¿Quién eres tú, Job?».

Como hombres, a menudo tú y yo no nos identificamos con las cosas que Job perdió. Cuando conocemos a un extraño, puede preguntarnos sobre nuestra carrera o dónde vivimos. Si las preguntas se dirigen a nuestras familias, sacamos algunas fotos de nuestra esposa y nuestros hijos. Eventualmente, las preguntas pueden cambiar de rumbo a las actividades o deportes que disfrutamos.

Pero tal conversación con Job sería corta. «Mis medios de un empleo decente se carbonizaron y fueron consumidos por el fuego —pudo quejarse—. Todos mis hijos están muertos y yo estoy con tal dolor físico que todo lo que puedo hacer es estar recostado en la cama».

Ya no estaba la identidad de Job definida por las cosas que lo rodeaban. Simbólicamente, estaba desnudo ante su Creador, desecho y solo.

Dios puede permitir el sufrimiento en nuestras vidas para que su presencia se vuelva, dentro de nosotros, una aguda confianza, sacando lo que creemos más importante que nuestra relación con él. Con nada para distraernos, el despojo de todo nos da una apreciación renovada de su amor y gracia perfectos, y su deseo de que los sigamos y amemos sin distracciones.

A pesar de cuánto amemos a nuestros hijos y qué tan importante pueda ser nuestro rol como sus padres, nada puede ser más crítico que la respuesta a su pregunta; «¿Quién eres tú?».
Nuestra respuesta: «Soy tuyo».

Promesas en la Escritura

«He caído en la angustia y la aflicción, pero tus mandamientos son mi regocijo»

(Salmos 119:143).

«El que confía en sus riquezas se marchita, pero el justo se renueva como el follaje»

(Proverbios 11:28).

«Estén siempre alegres, oren sin cesar, den gracias a Dios en toda situación, porque esta es su voluntad para ustedes en Cristo Jesús»

(1 Tesalonicenses 5:16-18).

SU LEGADO DE ORACIÓN

«Desnudo salí del vientre de mi madre, y desnudo he de partir. El Señor ha dado; el Señor ha quitado. ¡Bendito sea el nombre del Señor!»

(Job 1:21).

«De oídas había oído hablar de ti, pero ahora te veo con mis propios ojos»

(Job 42:5).

Reflexiona sobre: Job 40:1-7.

Alaba a Dios: por esta lección gráficamente ilustrada por su siervo fiel.

Da gracias: por permitirnos estar más cerca de él, no importa qué tan dolorosas sean nuestras circunstancias.

Confiesa: nuestra propensión a acusar a Dios de las injusticias cuando él permite que el sufrimiento llegue a nuestro camino.

Pídele a Dios: que te muestre su perspectiva sobre tu dolor y tus dudas y que te conceda su paz; la paz que sobrepasa todo entendimiento.

Las dos oraciones de arriba son límites en la vida de Job. Él hace la primera poco después de que lo conocemos y la segunda cerca del final del libro. Como un hombre madurando hasta la adultez, su amor por Dios crece de la simple alabanza —una cosa muy buena— a la intimidad —algo aún mejor.

Padre, gracias por la vida y el ejemplo de Job. Te alabo por tu fidelidad frente al sufrimiento y el dolor. Por favor, lléname con tu Espíritu para que pueda aprender de la fe de Job, pueda amarte, alabarte, agradecerte y confiar en ti en toda circunstancia, sabiendo que el sufrimiento puede resultar en una camaradería más profunda contigo. Voluntariamente me someto a tu dirección en mi vida. Oro esto en el nombre de Jesús, Amén.

Salomón

Sus hijos:	Roboán, Basemat, Tafat.
Su trabajo:	hijo del Rey David y Betsabé, fue el tercer rey de Israel.
Su carácter:	conocido hasta hoy como el hombre más sabio que ha vivido en el mundo.
Su lamento:	aunque era un hombre extremadamente inteligente, al final de su vida se volvió desobediente a Dios y sacrificó todo en el altar del exceso sexual. Su incapacidad para liderar a sus hijos llevó a la división del reino y a su caída última.
Su triunfo:	edificó el reino de Israel hasta su más alto nivel de riqueza material y tierras.
Escrituras clave:	1 Reyes 2–5.

SU HISTORIA

Al principio de su reinado, Salomón visitó la ciudad de Gabaón que no estaba lejos de Jerusalén, para ofrecer un sacrificio al Señor. Esa noche, en un sueño, Dios le hizo una visita por su propia iniciativa, y su invitación fue asombrosa: «Pídeme lo que quieras!» (1 Reyes 3:5).

Salomón retrocedió con sorpresa. Solamente piensa en las posibilidades.

«Tú trataste con mucho amor a tu siervo David, mi padre —Salomón empezó pensativamente—, pues se condujo delante de ti con lealtad y justicia, y con un corazón recto. Y, como hoy se puede ver, has reafirmado tu gran amor al concederle que un hijo suyo lo suceda en el trono. No soy más que un muchacho, y apenas sé cómo comportarme. Yo te ruego que le des a tu siervo discernimiento para gobernar a tu pueblo y para distinguir entre el bien y el mal. De lo contrario, ¿quién podrá gobernar a este gran pueblo tuyo?» (1 Reyes 3:6-7,9 *énfasis añadido*).

«Te daré un corazón sabio y prudente —respondió el Señor—, como nadie antes de ti lo ha tenido ni lo tendrá después. Además, aunque no me lo has pedido, te daré tantas riquezas y esplendor que en toda tu vida ningún rey podrá compararse contigo» (1 Reyes 3:12-13 *énfasis añadido*).

Los ojos de Salomón se abrieron y su pulso se aceleró maravillado. Sabiduría, riquezas y honor... ¿qué más podría anhelar un hombre?

Pero luego, Dios añadió una estipulación soberana: «Si andas por mis sendas y obedeces mis decretos y mandamientos, como lo hizo tu padre David, te daré una larga vida» (1 Reyes 3:14). Su cara se ruborizó de la vergüenza. Ya fue desobediente. Su primer acto, como rey, fue tomar por esposa a la hija del faraón de Egipto. Pero Salomón se conmovió por la promesa de Dios a través de su sueño. Cuando regresó a Jerusalén, se paró ante el arca del pacto e hizo votos de lealtad y obediencia al Dios de su padre.

Pronto, la provisión de Dios, en forma de un corazón sabio y prudente, fue puesta a prueba.

Dos mujeres vinieron ante Salomón. «El niño que está vivo es el mío» (1 Reyes 3:22), imploraba una mujer. Señalando a la otra mujer, dijo: «Fue ella la que se dio la vuelta sobre su hijo en la noche y lo asfixió hasta la muerte. Luego, antes de que me despertara, me dio su hijo muerto y tomó el mío como si fuera suyo».

«¡No es cierto! ...¡El niño que está vivo es el mío!» (1 Reyes 3:22), demandó la otra mujer. Fue ella quien asfixió a su hijo!

«Tráiganme una espada —les ordenó el rey Salomón a sus siervos—. Partan en dos al niño que está vivo, y denle una mitad a ésta y la otra mitad a aquélla» (1 Reyes 3:24-25 *énfasis añadido*).

Las mujeres —y todos los que estaban en el lugar— quedaron desconcertados por el desalmado plan del rey.

«¡Por favor, Su Majestad! —gritó una de las mujeres— ¡Déle usted a ella el niño que está vivo, pero no lo mate!» (1 Reyes 3:26 *énfasis añadido*).

Y con eso el rey declaró: «No lo maten. Entréguenle a la primera el niño que está vivo, pues ella es la madre» (1 Reyes 3:27).

Incluso los dignatarios más renombrados del mundo le hicieron visitas a Salomón. Venían a ver lo que había logrado y a probar su sabiduría con «preguntas difíciles». Así fue la visita a Jerusalén de la Reina de Sabá, un viaje de más de mil novecientos kilómetros. Llegó con una caravana muy grande: con camellos cargados de especias, grandes cantidades de oro y piedras preciosas. También llegó con todas sus preguntas. Y, para su asombro, nada era muy difícil para que el rey se lo explicara.

Salomón logró muchas cosas buenas como tercer rey de Israel. El orquestó la construcción de un palacio y del templo, una casa permanente de adoración y un lugar apropiado para hospedar el arca del pacto. Construido con elegantes especificaciones, este edificio santo reflejaba el amor a Dios por parte de Salomón y su gusto por la belleza y atención por los detalles más minúsculos.

Políticamente, organizó al reino en doce distritos y asignó gobernadores sobre cada uno. En materia de salud, hizo clínicas y «disertó acerca de las plantas, desde el cedro del Líbano hasta el hisopo que crece en los muros. También enseñó acerca de las bestias y las aves, los reptiles y los peces» (1 Reyes 4:33). Un amante de las artes, compuso tres mil proverbios y mil cinco canciones.

Pero cometió un error. Sus grandes logros no compensaron su falta de voluntad para «guardar los estatutos de Dios». Amó mujeres extranjeras y tuvo un apetito insaciable por ellas. A pesar de las instrucciones específicas de Dios, el rey se casó no con una sino con múltiples mujeres de los países vecinos. Su raciocinio era que estaba haciendo alianzas con estas naciones. ¿Cómo podían los amonitas, los edomitas, los hititas y los sidonios atacar a los israelitas cuando la población incluía sus propias hijas y nietos?

Sin embargo, las leyes de Dios eran claras. Como nación, Israel era joven y vulnerable. Los matrimonios con extranjeros significaban la inevitable mezcla de la fe de sus pequeños con las creencias paganas. Dios sabía que su pueblo (incluyendo alguien tan fuerte y sabio como Salomón) pasaría un momento difícil, manteniéndose contra estas persuasiones extrañas. Él estaba en lo cierto. Y Salomón no solo fue culpable de no parar este «cáncer», fue culpable de promoverlo.

Como Saúl y David antes de él, Dios había reclutado el rey de Israel de entre las filas de hombres mortales y pecadores. Las transgresiones de Saúl lo llevaron a su destrucción; las de David lo llevaron a la contrición y al arrepentimiento. Sin una excusa legítima, Salomón no siguió el ejemplo de David. En lugar de eso, como Saúl, su flagrante desprecio de las leyes de Dios lo llevó a su destitución y muerte espiritual.

La promesa de Dios era clara: obedéceme y te daré una larga vida. Desobedéceme y te mueres.

Al final, la sabiduría de Salomón no pudo salvarlo.

Martes

Una mirada al hombre

El legado que pudo ser

Es uno de los momentos más increíbles en toda la Escritura. El Señor de Israel, el Creador del universo, le hace una oferta a un hombre mortal: a Salomón, hijo de David, el recientemente ungido rey de Israel. Como el arquetípico genio de la botella, Dios le dice que le pida un deseo. Pero la oportunidad histórica de él llega a ser una tragedia horrible.

Puede que esta sea la historia más triste de la Biblia.

Es el relato de un hombre que tenía literalmente todo. La única cosa más difícil de comprender es que su grandiosa mente, su enorme riqueza y poder eran el prospecto de lo que pudo hacer con estas. Salomón tenía la capacidad para cambiar su mundo.

Pero, en lugar de hacer muchas cosas buenas durante su vida, en realidad despilfarró su potencial. Por supuesto que se construyó un nombre para sí. Ve y pídele a alguien que complete esta frase: «Ese sujeto tiene la sabiduría de _____».

¿Qué le pasó a Salomón? La razón de su patético fracaso no es un misterio. Él rompió este mandamiento: «No te hagas ningún ídolo, ni nada que guarde semejanza con lo que hay arriba en el cielo, ni con lo que hay debajo en la tierra, ni con lo que hay en las aguas debajo de la tierra. No te inclines delante de ellos ni

los adores. Yo, el Señor tu Dios, soy un Dios celoso»
(Éxodo 20:4-5).

Salomón debía saberlo mejor que nadie. De hecho,
lo sabía mejor que nadie. Cuando su padre, David, estaba muriendo, oyó estas palabras:

«Cumple los mandatos del Señor tu Dios; sigue sus
sendas y obedece sus decretos, mandamientos, leyes y
preceptos, los cuales están escritos en la ley de Moisés.
Así prosperarás en todo lo que hagas y por dondequiera
que vayas» (1 Reyes 2:3).

Pero, de alguna forma, creyó que podía ser la excepción a la regla, el único hombre que podía quebrantar la
ley de Dios sin sufrir las consecuencias. Pero Dios no iba
a ignorar todos los ídolos y altares que había colocado
para complacer a sus esposas extranjeras, acostumbra-
das, como estaban, a adorar varios ídolos. Por causa de
su infidelidad, el reino de Israel se dividió después de
su muerte, con Judá y su capital, Jerusalén, en el sur; e
Israel y su capital, Samaria, en el norte.

Era muy tarde para que él descubriera que un hombre delante del trono de Dios es juzgado por lo que hay
en su corazón. «Poned la mira en las cosas de arriba, no
en las de la tierra» (Colosenses 3:2 RV60).

En lugar de dejar un legado que cambiara a la humanidad, Salomón nos deja una lección gráfica de eter-
na falta de fruto... sin excusas.

SU LEGADO EN LA ESCRITURA

Lee 1 Reyes 3:5-15

1. Dios se aparece a Salomón y lo invita a pedirle lo que quiera. ¿Qué revela la respuesta del nuevo rey sobre su carácter? ¿Qué revela la respuesta del Señor sobre Dios?

2. Si Dios te hiciera la misma invitación, ¿qué le pedirías?

Lee 1 Reyes 8:10-11, 27-30

3. ¿Por qué era tan importante para Salomón construir un templo?

4. ¿Por qué crees que reconoce que Dios no puede contenerse en un lugar físico, a pesar de la clara evidencia de Dios, habitando en el templo construido por Salomón?

Lee 1 Reyes 11:1-13

5. Aun cuando experimenta una vida de tremenda bendición, Salomón se aleja de Dios y cae en el pecado de la idolatría. ¿Cómo se deterioró la condición de su corazón con el tiempo?

6. ¿Cómo puede ser peligrosa la prosperidad para tu salud espiritual?

Hecho interesante

Dios inspiró al Rey David con el patrón del templo y este último lo transmitió a Salomón. Como el edificio completo y todo dentro de este fue ordenado por Dios, ningún detalle en su construcción se consideraba insignificante. Por ejemplo, 1 Reyes 6 describe el esculpimiento de querubines y de bellos árboles y flores en las puertas que llevaban al santuario interior. Estas estaban para recordar a los israelitas el Jardín del Edén, el paraíso del cual Adán y Eva fueron expulsados por causa de su pecado. Las puertas talladas en madera de olivo simbolizaban el camino de vuelta al Paraíso, a través de la expiación del pecado hecha en el santuario del templo.

SU LEGADO COMO PADRE

Salomón será recordado por siempre como el más sabio de los reyes de Israel. Y, sin duda alguna, se hubiera jactado acerca de cuán brillantes eran también sus hijos. Pero el sabio padre Salomón no dejó nada al azar: no se figuró que sus hijos extraerían su sabiduría por cuenta de ellos nada más.

El libro de Proverbios es en realidad una nota de amor a los hijos de Salomón. Sabio y rico, como era, vio el valor de entrenar a sus hijos «para adquirir sabiduría y disciplina; para recibir la corrección que dan la prudencia, la rectitud, la justicia y la equidad» (Proverbios 1:2-3). Él se detuvo y se tomó el tiempo de verter sabiduría sobre sus hijos. Como resultado de su esfuerzo, hombres y mujeres, a través de toda la historia, se han asoleado al resplandor de sus sabias palabras.

Desafortunadamente, su sabiduría tuvo una rechinante interrupción cuando se trató de su propio comportamiento, y eso tuvo un efecto predecible en su efectividad como padre. «No hagas lo que yo hago, solo haz lo que digo», es menos debilitador para el legado de un hombre, tras siglos de su muerte, de lo que resulta cuando está parado frente a sus hijos.

Hoy nos maravillamos con las ideas y brillantez de los Proverbios de Salomón, pero sus hijos e hijas debieron maravillarse de su incapacidad para hacer las cosas con las que retaba a otros. Como sucede tan a menudo con hijos que ven el comportamiento de sus padres, los primeros no están tan impresionados con sus palabras como lo están con su vida.

Promesas en la Escritura

«Tu casa y tu reino durarán para siempre delante de mí; tu trono quedará establecido para siempre»

(2 Samuel 7:16).

«¡Bendito sea el Señor, que conforme a sus promesas ha dado descanso a su pueblo Israel! No ha dejado de cumplir ni una sola de las gratas promesas que hizo»

(1 Reyes 8:56).

«Porque nos ha nacido un niño, se nos ha concedido un hijo; la soberanía reposará sobre sus hombros, y se le darán estos nombres: Consejero admirable, Dios fuerte, Padre eterno, Príncipe de paz. Se extenderán su soberanía y su paz, y no tendrán fin»

(Isaías 9:6-7).

SU LEGADO DE ORACIÓN

«Y ahora, dedíquense por completo al Señor nuestro Dios; vivan según sus decretos y cumplan sus mandamientos»
(1 Reyes 8:61).

Reflexiona sobre: 1 Reyes 8:56-61; 11:9-13.

Alaba a Dios: por su constancia. Él es el mismo ayer, hoy y siempre.

Da gracias: porque las palabras de Dios son consistentes con su carácter.

Confiesa: cualquier oscilación en tu devoción a Dios.

Pídele a Dios: que te ayude a mantener un curso que día a día te acerque más a él.

Se llaman ventarrones. Corrientes fuertes te empujan al oeste cuando quieres ir al este, o al norte cuando quieres ir al sur. Ocurren cuando fallas en detectarlas o fallas en hacer las correcciones de rumbo a tiempo para mantenerte en la dirección pretendida. ¿Recuerdas el viejo dicho: «El camino al infierno está pavimentado con buenas intenciones»? Eso es exactamente lo que puede ocurrirle a una persona cuyo corazón tiene un ventarrón que lo aleja de Dios. Tal vez la persona empezó con la mejor de las intenciones. Pero las intenciones son muy fáciles y placenteras de entretener. Las buenas intenciones nos hacen sentirnos bien.

La parte difícil es mantenerse en el camino, resistiendo la tentación de dejar que los deseos o circunstancias personales te saquen de curso. Un ventarrón es lo que le pasó a Salomón. Su corazón se ladeó desde una devoción completa a Dios hacia una devoción a medias. Él quería a Dios, pero también quería otras cosas: alianzas poderosas, mujeres bellas, otros dioses. Y así, su reino se inclinó hacia el lado opuesto de Dios. Hoy, ora por la gracia para reconocer cualquier inclinación que haya ocurrido en tu vida. Pídele que te ancle más fuertemente a él. Si necesitas cambiar el curso, pídele la sabiduría y el coraje para hacer lo que sea con tal de volver al camino con él.

Padre del cielo, Salomón le advirtió a la gente que «dedicaran por completo» sus corazones a ti. Y después él falló al no considerar su consejo. Ayúdame a reconocer cualquier inclinación que haya ocurrido en mi vida. Restaura los deseos más íntimos de mi corazón, aquellos que has puesto ahí. Tráeme de vuelta a ti y dame una resolución más fuerte para hacer lo que tenga que hacer con tal de mantenerme fiel. Oro en el nombre de Jesús, Amén.

José

Sus hijos:	Jesús, Santiago, José, Simón, Judas e hijas cuyo nombre no se menciona.[1]
Su trabajo:	sostenía a su familia a través del oficio de la carpintería.
Su carácter:	un hombre cuyos ancestros se remontaban a David. Era justo, compasivo y obediente a Dios. Aunque era pobre, fue un buen padre y esposo, proveyendo para su familia y protegiéndola.
Su lamento:	que Herodes el Grande intentara asesinar a su hijo, Jesús.
Su triunfo:	ser usado por Dios para proteger al Salvador del mundo y proveer para él. A través de él, Jesús pudo trazar su línea ancestral hasta el Rey David y la tribu de Judá.
Escrituras Clave:	Mateo 1–2; Lucas 2.

LUNES

SU HISTORIA

José no tenía queja. Nazaret tenía a un carpintero de su habilidad y reputación tan ocupado como era posible, haciendo arados, yugos, tejados, puertas y persianas para las ventanas. Adoraba el olor y el peso de la madera, el único patrón y posibilidad de cada madera cortada del bosque. Una vez secos, los tablones de roble eran confiables como el hombre que los trabajaba.

Trabajar solo, en su taller, le daba tiempo para pensar y para recordar. Recordó un día, hace más de doce años, que casi lo había destruido: el día en que descubrió que María, la mujer con la cual se había comprometido, estaba embarazada. Extrañamente no había sentido rabia. Solamente una profunda decepción que se quedó como un nudo permanente en su pecho, bajándole con profunda tristeza. ¿Cómo pudo ser tan simple su juicio? ¿Cómo pudo apuntar tan afuera del blanco? Había procurado casarse con la joven mujer cuyo carácter y temperamento la hacían parecer la más adecuada.

En vez de arrastrarla ante los ancianos, había decidido divorciarse de María calladamente. La vida de ella sería lo suficientemente difícil sin un esposo, y él no tenía necesidad de verla sufrir públicamente por lo que había hecho. Pero antes de que tuviera la oportunidad de ejecutar su plan, tuvo un sueño. Vio a un ángel que le decía: «José, hijo de David, no temas recibir a María por esposa, porque ella ha concebido por obra del Espíritu

Santo. Dará a luz un hijo, y le pondrás por nombre Jesús, porque él salvará a su pueblo de sus pecados» (Mateo 1:20). En vez de considerar que el sueño era producto de la comida de la noche anterior, recibió las palabras en su corazón, trayendo a María a su casa como esposa.

Pero antes de que pudieran acomodarse, Augusto César ordenó que todo hombre en su gran Imperio se registrara en un censo. Para José, eso significaba viajar al sur, hasta Belén, la ciudad de David, su hogar ancestral. Pero se preguntaba si tras varios meses de embarazo, María sería lo suficientemente fuerte para el viaje. Tal vez debería dejarla en Nazaret, bajo el cuidado de su familia. Pero eso la expondría a todos los chismes mal intencionados que ya circulaban respecto a su embarazo. No, no podía soportar partir sin su esposa.

Así que la pareja salió para Belén, encontrando los caminos repletos de gente, apurándole para cumplir con el censo. Entre más se acercaban al pueblo, más preocupado quedaba José. Con tan poco dinero y tanta gente en camino, ¿cómo encontraría un lugar para que se hospedaran? Una vez que llegaron a la ciudad, sus temores parecieron justificarse, mientras que de casa en casa se rehusaban a hospedarlos.

«Lo siento, estamos copados».

«Intente en la posada de allá abajo, ¿por qué no lo intenta?».

«Me siento mal por su esposa, amigo, pero ya estamos tan repletos que casi ni podemos respirar».

En el pequeño pueblo de Belén, la ciudad de David, no había campo para José, no había campo para su esposa y no había campo para el hijo que iba a nacer; áquel de quien el ángel había dicho que salvaría al pueblo de sus pecados.

Finalmente, alguien le dijo de un cueva llena de animales. Al menos estaba seca, mantendría el viento alejado por un tiempo y costaría poquito. Barriendo una esquina de la cueva, la pareja cubrió el suelo con frazadas y heno, y desempacaron sus pocas provisiones.

Exhaustos por el viaje, al fin tenían un lugar donde recostar su cabeza; un lugar donde María podría dar a luz. Cuando finalmente terminó su parto, arropó al bebé en largas fajas de ropa para mantenerlo caliente y luego se lo pasó a su esposo. Torpemente al principio, tomó al niño, pasando la punta de los dedos por los pequeños labios, la nariz perfecta, el ceño fruncido. Luego, abrazó al bebé contra su pecho, sintiendo un extraño orgullo, un amor gigante que crecía en él. Qué cosa tan maravillosa era este niño: su hijo para que lo cuidara y lo protegiera.

En la noche siguiente, José se sorprendió cuando unos extraños se acercaron a la cueva. Podía decir que, a juzgar por la apariencia y el olor de la chusma, eran pastores. Uno de los hombres se adelantó rápidamente, con deferencia: «Queremos ver al bebé, señor». Estirando su cuello, para ver entre las sombras, el hombre señaló: «¿Es ese que está ahí?».

José hizo seguir a los hombres. Pero, ¿cómo habían oído ellos del niño y por qué estaban tan agitados? No tuvo que esperar mucho para conocer la explicación; porque cada uno de los hombres estaba presto a compartir su versión de lo que había tenido lugar.

«Estábamos cuidando nuestras ovejas afuera en el campo», un hombre alzó la voz.

«Repentinamente todo el cielo se iluminó», dijo otro.

«Caí de cara al suelo porque pensé que era el final del mundo», afirmó el más tosco de todos.

«Hasta las ovejas se cayeron». Todos se rieron mientras recordaban la escena, aunque ninguno lo hizo en el momento.

José y María escucharon cuidadosamente lo que los pastores les decían sobre el glorioso ángel que había intentado calmarlos, diciéndoles: «No tengan miedo. Miren que les traigo buenas noticias que serán motivo de mucha alegría para todo el pueblo. Hoy les ha nacido en la ciudad de David un Salvador, que es Cristo el Señor. Encontrarán un niño envuelto en pañales y acostado en un pesebre» (Lucas 2:12-13). Entonces, más ángeles habían descendido, alabando a Dios y diciendo: «Gloria a Dios en las alturas, y en la tierra paz a los que gozan de su buena voluntad».

En el futuro, José tuvo más encuentros extraños: un hombre viejo y una mujer anciana en el templo de Jerusalén; los magos que siguieron la estrella desde el este; un ángel que le advirtió en un sueño tomar al niño y a su madre y huir a Egipto; otro ángel que le dijo cuando era seguro volver a casa. ¿Qué significaba todo eso? Era algo que José no sabía con certeza. Solamente sabía qué tan feliz se sentía por ser el padre de este niño y el marido de esa mujer. Con seguridad, el Dios que había cuidado de ellos tan bien, continuaría vigilando a su Hijo, áquel que había de heredar el trono de David y salvar a su pueblo de sus pecados.

Una mirada al hombre

Todo lo que un padre debiera ser

En tres ocasiones vio José ángeles en sus sueños. En la primera aparición, el ángel anunció algo imposible: María había quedado embarazada, aunque no le había sido infiel. En el segundo, el ángel le advirtió que huyera a Egipto para escapar del plan de Herodes para asesinar al niño Jesús. Después, un ángel le dijo que todo estaba tranquilo, informándole de la muerte de Herodes, de manera que podía retornar a Israel con María y Jesús.

Aunque poco sabemos de él por las Escrituras, sabemos al menos de su remarcable fe y obediencia. Cada vez que los ángeles se le aparecieron, le revelaron algo que no pudo ser sabido sin la revelación divina. Pero cada nueva revelación se le presentaba con una opción. ¿Haría como el ángel lo había instruido o confiaría en su entendimiento para hacer lo que consideraba mejor?

Sería muy fácil desechar el primer sueño. ¿Cuándo en la historia de este mundo había quedado una mujer embarazada sin acostarse con un hombre? El sentido común le habría dicho que procediera con su plan para hacer a María a un lado y casarse con otra persona. En lugar de eso, atendió al ángel y, al hacerlo de esta manera, le dijo que sí al sorprendente plan de Dios para su vida.

¿Comprendía José la enormidad de las decisiones que estaba tomando? Posiblemente. Pero con seguridad no podía prever la extraña mezcla de bendición y sufrimiento que estaba aguardando a su familia. Su sí le costaría muchas noches de desvelo, pero también lo haría parte del milagro más grande que hubiera ocurrido alguna vez.

Siglos después, celebramos la vida de José, sabiendo que fue todo lo que un padre debiera ser: perceptivo espiritualmente, compasivo, humilde, fiel, amoroso y protector de la familia que Dios le había dado.

SU LEGADO EN LA ESCRITURA

Lee Mateo 1:18-21

1. Como carpintero, José era un hombre que poseía fuerza física. Pero, ¿qué dicen estos versículos acerca de la fuerza del carácter de José?

2. Aun más dolorosa que la noticia del embarazo de María, por cuenta de otro diferente a él, era el conocimiento de que fuera traicionado. ¿Cómo te sentirías si estuvieras en su posición?

3. ¿Qué tenía el derecho de hacer José? ¿Qué decidió hacer? ¿Cuáles eran sus motivos?

Hecho importante

José era el padre terrenal de Jesús, el Mesías. Dios había escogido a María para que fuera la madre del Salvador y Dios había escogido a José para que asumiera este rol importante en la vida del muchacho que iba creciendo.

Lee Efesios 6:1-4

4. Se les dice a los padres que no exasperen o provoquen la ira de sus hijos. ¿Cómo frustran ellos a sus hijos?

5. Los padres están para llevar a sus hijos el entrenamiento y la instrucción del Señor. ¿Qué cosas específicas deberías hacer para obedecer esta orden?

SU LEGADO COMO PADRE

A lo largo de los años, muchos se han preguntado qué tan conciente estaba Jesús de su rol como Mesías. ¿Qué tan vivamente se mostraría ese hecho en su niñez, como un muchachito común y corriente que vivía en Nazaret?

Sin importar la respuesta a esta pregunta, es claro que, como todo joven, su padre terrenal tuvo un profundo impacto en su vida. De hecho, una de las cosas más notables de José es que Dios, en su propósito, lo escogió entre muchos posibles candidatos para ser un ejemplo vivo a su joven hijo y aprendiz.

«¿Quién será un ejemplo para mi Hijo?», Dios pudo preguntarse. «¿Quién lo amará completamente, le enseñará pacientemente, lo disciplinará gentilmente y le mostrará cómo debe ser un hombre conforme a mi corazón?».

En su providencia, Dios escogió a José, el carpintero de Nazaret. Descendiente directo del Rey David, otro hombre conforme al corazón de Dios; José fue seleccionado para esta increíble tarea.

Años antes de que fuera reconocido como —o confesara ser— el Hijo de Dios, el Salvador del mundo, Jesús, fue conocido como «el hijo de José». Esto pone a José, el hombre que le enseñó a su hijo el oficio de carpintero, en una categoría completamente aparte.

Promesas en la Escritura

«Si ... buscas al Señor tu Dios con todo tu corazón y con toda tu alma, lo encontrarás»

(Deuteronomio 4:29).

«Sólo te pido que tengas mucho valor y firmeza para obedecer toda la ley que mi siervo Moisés te mandó. No te apartes de ella para nada; solo así tendrás éxito dondequiera que vayas»

(Josué 1:7).

«Recompensa de la humildad y del temor del Señor son las riquezas, la honra y la vida»

(Proverbios 22:4).

«No me escogieron ustedes a mí, sino que yo los escogí a ustedes y los comisioné para que vayan y den fruto, un fruto que perdure. Así el Padre les dará todo lo que pidan en mi nombre»

(Juan 15:16).

Su legado de oración

«Un ángel del Señor se le apareció en sueños a José. Así que se levantó cuando todavía era de noche, tomó al niño y a su madre, y partió para Egipto»

(Mateo 2:13-14).

«Un ángel del Señor se le apareció en sueños a José en Egipto. Así que se levantó José, tomó al niño y a su madre, y regresó a la tierra de Israel»

(Mateo 2:19,21).

Reflexiona sobre:	Génesis 39:1-5 (Esta es una historia de otro José, pero las similitudes entre estos dos hombres obedientes y la bondadosa bendición de Dios es impresionante).
Alaba a Dios:	por ofrecer un amor que nos constriñe a la obediencia.
Da gracias:	por bendecirte con la responsabilidad de liderar y dirigir las vidas de personas jóvenes: hijos, sobrinas, sobrinos, nietos, vecinos.
Confiesa:	tu pecado y tu disposición a la desobediencia.
Pídele a Dios:	que te dé un corazón que esté lanzado a él en amor y sumisión a su perfecta voluntad y que te dé el poder

en la tarea de liderar a estos jóvenes en sus caminos.

En los Evangelios, Jesús reta a sus discípulos con las palabras: «A todo el que se le ha dado mucho, se le exigirá mucho; y al que se le ha confiado mucho, se le pedirá aun más» (Lucas 12:48). A José le fue confiada la responsabilidad de criar al eterno Hijo de Dios. ¡Qué responsabilidad tan increíble! Pero no lo olvides nunca: todo hijo es un don maravilloso y la responsabilidad de todo padre debe ser comprometida.

Padre, gracias por llamar hombres grandes como José a ser tus siervos. Gracias por confiarle tu bendito Hijo como me has confiado a mí los que están bajo mi cuidado. Señor, por favor, concédeme sabiduría y entendimiento. Confieso mis pecados y pido que me acerques a ti por tu misericordia. Hazme un embajador de tu amor. En el nombre de Jesús, oro humildemente, Amén.

El hijo pródigo, el hermano mayor y su padre

Su trabajo: el padre era un rico propietario de tierras y sus hijos trabajaban para él.

Su carácter: aunque puede estar basado en una familia real, Jesús hizo este relato como si fuera una parábola. Su punto era mostrar un retrato hablado de cómo se veía un padre amante y perdonador. Los dos hermanos eran pecadores. Uno, entregado al pecado de vivir una vida poco justa; y el otro, al pecado de la auto-justificación.

Su lamento: ambos hijos estaban alienados de su padre. La geografía separaba al pródigo de su padre, mientras que el orgullo separaba al hermano mayor.

Su triunfo: los brazos abiertos del padre y la fiesta en casa para darle la bienvenida al regreso del hijo pródigo. No había felicidad en el hermano mayor, excepto la creencia infundada de que era mejor que su hermano perdido.

Escritura clave: Lucas 15.

Su historia

«Padre», llamó el joven.

«Dime, hijo mío», le respondió rápidamente el padre. Las conversaciones entre los dos eran infrecuentes y tirantes por estos días. Pero cualquier esperanza de una charla significativa se desvaneció con las próximas palabras de su hijo.

«No quiero esperar a que te mueras para recibir mi herencia —dijo el muchacho con tono desafiante—. Quiero que me la des ahora».

En lo profundo, las palabras de su hijo sorprendieron al padre. ¡Niño insolente! ¿Cómo podía decir tal cosa? Herido pero poco dispuesto a desafiar al incorregible muchachito, torpemente tomó el dinero y se lo dio a su hijo. Deseó poder decirle que no malgastara su herencia. *No quiero verlo desperdiciar su futuro*, pensó. Había muchas cosas que podían destruir al joven. Pero, sabiendo que su hijo simplemente ignoraría sus palabras, el padre no dijo nada.

El padre lo vio: el hijo al que había cargado minutos después de su nacimiento, el hijo al que había querido desde ese día en adelante, desapareció por el camino sin que mirara si quiera atrás, en dirección hacia su casa.

Cuando el hermano mayor del joven oyó lo que el menor había hecho, se puso furioso: «¿Cómo puedes hacer una cosa de esas? —le dijo al padre regañándolo —. Tú sabes lo que va a hacer con el dinero. Y también sabes que pronto volverá a ti por más».

El padre guardaba silencio, anhelando que el hermano mayor tuviera razón. Pretendía ver a su hijo de nuevo, en cualquier condición. No mucho tiempo después, recibieron noticias del joven (y de su aparente placer), apesadumbrando al padre aun más.

Mientras tanto, el muchacho estaba teniendo el «mejor» tiempo de la vida. No solamente una bolsa de dinero le compraba todo el placer y felicidad que pudiera querer, sino que se encontraba rodeado de la clase de amigos disipadores que siempre deseó. No más granjeros que producían sueño. No más pastores deslucidos. No más vecinas simples y aburridas. Esto era mejor de lo que había imaginado.

Pero pronto los dedos del joven tocaron el fondo de su bolsa de dinero. No podía creer lo rápido que se había desvanecido. *¿Y ahora qué voy a hacer?*, se preguntaba. *No tengo habilidades para ningún trabajo digno*. En un silencioso asombro vio que sus nuevos amigos desaparecían.

Respondiendo al anuncio de un granjero local, dedicado a los cerdos, que tenía una vacante para un ayudante, el desesperado y solo muchacho terminó trabajando con los sucios marranos. Día tras día cuidaba de los animales. Y día tras día su espíritu se apocaba. Entonces, una mañana, el hijo cayó en cuenta de las cosas: «¿Qué estoy haciendo aquí? —le preguntó a los cerdos, como si estuviera esperando una respuesta —. Al menos estaría en capacidad de comer algo mejor que esto si estuviera trabajando con mi padre». Los cerdos no le quitaron la mirada a su desayuno. «Iré a casa y me ofreceré a trabajar como uno de los siervos de mi padre».

¿Pero lo enrolaría su padre? ¡De qué manera horrible trató el muchacho a su padre! No lo honró ni lo amo. En lugar de eso, vivió de tal forma que negaba todo lo que le enseñó. ¿Lo perdonaría alguna vez su padre?

La idea de que lo sacaran corriendo, puso a temblar las manos del hijo.

¿Qué clase de futuro tendría él sin un padre? ¿Sin un hogar? «¿Qué he hecho?», gritó.

Una tarde, que ya se acababa, mientras tenía la mirada ausente por la ventana, el padre del muchacho vio algo en la distancia que lo sorprendió: una figura delgada que avanzaba contra el horizonte en el lugar exacto en que había visto por última vez a su hijo. Cuando la figura se hacía más clara y se acercaba, el padre se preguntaba: *¿Podrá ser? ¡No! ¡Ciertamente no!, pero parece como si...* El paso del joven era notoriamente lento, sus hombros caídos... Pero no había lugar a confusiones, era su hijo. ¡Estaba en casa!

Sin dudarlo, el padre corrió camino abajo hacia su hijo, sus brazos se extendieron y sus ropas marcaban una estela.

Cuando el joven subió la mirada y vio al hombre corriendo hacia él, sus rodillas flaquearon. Él sabía quién era el que corría. ¿Qué castigo pretendía darle su padre exactamente? ¿Azotarlo? ¿Exiliarlo? La sola contrición era su única posibilidad de sobrevivir.

«Ah, Padre —lloró el joven mientras su padre lo alcanzaba—, he pecado contra el cielo y contra ti. No merezco ser tu...».

Pero el hombre no estaba oyendo. «¡Buenas noticias! ¡Buenas noticias!», gritó tan fuertemente que los vecinos pudieron oírlo. Levantó a su asombrado hijo que estaba de rodillas, empujándolo dentro de sus brazos, riendo y gritando. Los siervos en el campo miraban de modo impertinente, pero su padre no les prestó atención. «¡Maten al becerro más gordo! ¡Saquen el mejor vino! Vamos a tener una fiesta de bienvenida esta noche». El padre tomó la cara de su hijo entre sus manos y sonrió hasta que su hijo le devolvió la mirada. «Mi hijo, el que estaba perdido, ha sido encontrado». Y después lo abrazó de nuevo.

Esta vez el hijo se colgó de su padre tan pronto este lo hizo con él.

«¿Cuál es la conmoción? —les preguntó el hermano mayor a sus siervos, cuando volvió de un largo día de fatigas en los campos—. ¿Qué es todo ese ruido... la música y la risa?».

«Es su hermano menor, mi señor —le respondieron—. Está en casa y su padre está dando una fiesta en su honor».

Sacudiendo su cabeza y sin creer lo que oía, su cuerpo, temblando de la furia, se lanzó a la sala de recepción de su padre. «¿Qué estás haciendo? —le gritó—. ¿Quién es este bribón para que merezca tu perdón? ¡Mucho menos una celebración! ¡No has hecho ya suficiente por ese pícaro!».

Y luego, como si fuera un pensamiento posterior, añadió: «Después de todo lo que he hecho por ti... ¿y tú me tratas de esta manera?».

Pero el padre ignoró su insolencia. Su corazón nunca había estado tan lleno de gratitud y amor... por sus dos hijos.

«Mi querido hijo —le dijo el padre al hijo mayor—, tú has estado conmigo siempre y te agradezco por eso. Pero no me impidas celebrar el retorno de tu hermano. Ven a la fiesta —le suplicó—. Por favor, ven y celebra».

Pero el hermano mayor se dio la vuelta y se fue. ¡Qué injusticia! ¡Cómo puede ser esto honesto! ¡Cómo podía ser su padre tan ciego! No se uniría a semejante tumulto para alguien que merecía tan poquito... ni siquiera porque su padre se lo pidiera.

MARTES

UNA MIRADA AL HOMBRE

El injusto y el justo a sus propios ojos

El relato bíblico es una de las parábolas de Jesús, llamada a menudo: «La historia del hijo pródigo». Pero en realidad no es la historia de uno sino de tres hombres: el hijo pródigo, el hermano mayor y el padre que esperaba. Cada uno juega un papel crítico en la narrativa.

Lo que el menor pidió a su padre era impensable. La herencia se le entregaba a un hijo cuando el padre moría, así que al pedir prematuramente sus derechos por nacimiento, el muchacho estaba diciendo que no le importaba si su padre se moría. Su rebelión era abierta y desvergonzada, la vergüenza pública para toda la familia. Y lo que hizo destrozó el corazón de su padre.

El hijo mayor es el sueño de todo padre. Como empleado, sus esfuerzos eran productivos, su trabajo ético no tenía falta alguna. Es más, su conducta era ejemplar, y no dudaba en revisar todas esas cualidades a oídos de su padre. Tenía absoluta confianza respecto a que su comportamiento virtuoso le entregaría no solamente el respeto y las riquezas de su padre, sino su amor también.

Pero tenía un profundo rencor. La insolencia de las palabras de este hermano menor y la pereza en su vida se enterraron en su alma como una pesada carga. Y la atención especial al menor, por parte de su padre, tornó el rencor del mayor en odio.

En lo que concernía al mayor, en el momento en que se había entregado la herencia al menor, los días del muchacho, como miembro de la familia, habían terminado. Ahora el mayor era el único hijo de su padre, y los beneficios de su riqueza serían exclusivamente suyos.

Desafortunadamente, para el mayor esta no era la intención de su padre. El menor, aun cuando se le hubiera entregado toda su herencia, aún era miembro de la familia. Ni desafiarlo abiertamente ni huir tendrían algún efecto en el amor de su padre por él. Eso enfurecía al mayor, pero la rabia que se cocinaba dentro de él estaba próxima a volverse un caldero burbujeante.

El padre hizo una fiesta.

Ya era suficientemente malo que su hermano, ausente en tierras lejanas, mantuviera a su padre preocupado. Y que ahora hiciera una celebración, cuando retornó a casa, era más de lo que el mayor podía soportar. En su intento de castigar al padre por su gracia, el mayor se rehusó a atender la celebración, prefiriendo más bien ponerse de mal humor.

En esta parábola, Jesús estaba declarando que toda la humanidad era «pecadora», y la dividió en dos grupos: los hijos pródigos y los hermanos mayores (el injusto y el justo ante sus propios ojos). Y subrayó el hecho de que el Padre Celestial —el Dios vivo— los amaba a ambos y estaba dispuesto a perdonarlos.

La contrición por su descarado pecado le valió al menor el perdón total y una fiesta en su honor. Pero la incapacidad del mayor para ver que su intento por justificarse a sí era pecado, evitó que recibiera el perdón que su padre le hubiera extendido libremente. Así que pasó la noche solo, escuchando todo el tiempo la alegre celebración, pero sin disfrutarla.

Su legado en la Escritura

Lee Lucas 15:11-32

1. Si fueras el padre, ¿a cuál de los hijos estarías tentado a amar más? ¿Por qué?

2. ¿A cuál hijo da la impresión en la historia que el padre amaba más? ¿Por qué?

3. La historia de los tres hombres es registrada en veintiún versículos (cf. Lucas 15:11-32). Casi la mitad de estos nos hablan del hermano mayor (cf. Lucas 15:25-32). ¿Por qué crees que Jesús pasa todo ese tiempo hablando de él?

Lee Lucas 15:1-3

4. ¿A quiénes les narra Jesús las tres historias encontradas en Lucas 15? ¿Por qué es esta una pista importante en cuanto al pecado sin vergüenza del hijo pródigo y las transgresiones ocultas del hermano mayor?

Profundizando: lee Lucas 15:4-10

5. La primera de estas dos historias es acerca de una oveja perdida. ¿Cómo se perdió? ¿Qué hizo el pastor cuando se dio cuenta que estaba perdida?

6. La segunda historia es sobre una moneda perdida. ¿Cómo se perdió la moneda? ¿Qué hizo

la mujer cuando se dio cuenta que estaba perdida?

7. La tercera historia es sobre un hijo perdido. ¿Cómo se perdió el hijo? ¿Qué hizo el padre cuando se dio cuenta que estaba perdido?

Pensamiento adicional

Hay otra perspectiva en esta historia que puede ayudar a entender y sanar las relaciones. Cuando alguien se extravía (la oveja perdida) o cuando es dejado a un lado —o herido— por la falta de cuidado de otra persona (la moneda perdida), una búsqueda agresiva es aconsejable. Pero cuando una persona se rebela de manera desafiante y se pierde por cuenta propia (el hijo perdido), la respuesta adecuada es amar y esperar. La búsqueda intencional se lleva a cabo con la debilidad de que esta persona perdida será alejada aun más.

UN LEGADO DE UN PADRE Y SUS HIJOS

Aunque el relato de Jesús puede estar basado en una historia real, estos personajes son ficticios y no tienen nombre. Pero eso no importa. Porque lo que Jesús hace al narrarnos esta parábola es adjudicar uno de los tres nombres a cada uno de nosotros: hijo pródigo, hijo mayor o padre que espera.

Jesús nos los recuerda, y a aquellos que lo estaban escuchando en esa oportunidad: «Dios es tu padre amoroso. Su misericordia es completamente confiable, su gracia es abundante y gratuita». El Maestro también usa esta historia para decirnos que podemos dividirnos en dos categorías: los injustos y los justos, ante sus ojos. Además, nota que «los que no tienen pecado» no eran una de las opciones.

Los «recaudadores de impuestos y los pecadores» sabían a qué se refería con el hijo pródigo. Su pecado había sido deliberado y visible. Pero los «fariseos y los maestros de la ley» eran los hermanos mayores y estaban orgullosos de serlo. No estaban interesados en confesar nada y así, de acuerdo con el Maestro, no eran elegibles para entrar a la fiesta.

Promesas en la Escritura

«Así que no se preocupen diciendo: "¿Qué comeremos" o "¿Qué beberemos?" o "¿Con qué nos vestiremos?" Porque

los paganos andan tras todas estas cosas, y el Padre celestial sabe que ustedes las necesitan. Más bien, busquen primeramente el reino de Dios y su justicia, y todas estas cosas les serán añadidas»

(Mateo 6:31-33).

«Esta justicia de Dios llega, mediante la fe en Jesucristo, a todos los que creen. De hecho, no hay distinción, pues todos han pecado y están privados de la gloria de Dios, pero por su gracia son justificados gratuitamente mediante la redención que Cristo Jesús efectuó»

(Romanos 3:22-24).

«Por esto era preciso que (Cristo) en todo se asemejara a sus hermanos, para ser sumo sacerdote fiel y misericordioso al servicio de Dios, a fin de expiar los pecados del pueblo. Por haber sufrido él mismo la tentación, puede socorrer a todos los que son tentados»

(Hebreos 2:17-18 *énfasis añadido*).

Viernes

Su legado de oración

«Porque este hijo mío estaba muerto, pero ahora ha vuelto a la vida; se había perdido, pero ya lo hemos encontrado. Así que empezaron la celebración»

(Lucas 15:24).

Reflexiona sobre:	Lucas 15:20-31.
Alaba a Dios:	por su misericordia.
Da gracias:	por la descripción del padre esperando, y cómo nos habla eso del amante Padre Celestial que está presto a perdonar nuestros pecados de injusticia o de justicia ante nosotros mismos.
Confiesa:	cualquier tendencia a creer que las buenas obras nos garantizan un lugar en el Reino.
Pídele a Dios:	que cambie tu actitud, que te dé compasión por los perdidos y que haga tu obediencia a él una respuesta a su amor en vez de tratarla como una forma de ganarlo.

La historia del hijo pródigo y del hermano mayor es la historia del pecado, del arrepentimiento y del padre amoroso. Aunque el pecado de injusticia del hijo pródigo es mucho más visible que el del hermano mayor, por justificarse a sí mismo, los dos son igualmente malos a los ojos del padre. Y los dos evitan que venga la celebración de tener un corazón limpio.

La Escritura deja claro que no es por obras sino por la sangre y justicia de Jesús que somos justificados ante el Dios Santo. Nuestros intentos de justicia fallarán. La santidad solamente puede ser un regalo que recibimos de Dios.

Padre del cielo, confieso mi pecado. Gracias por el don del perdón. Gracias por no poner un valor más alto en la propia justicia que en la injusticia. Perdóname por creer que mis buenas obras me hacen mejor que mi hermano perdido. Por favor, dame un corazón arrepentido de manera que pueda experimentar la alegría de mi salvación. Oro esto en el nombre de Jesús, Amén.

Nota

1. Algunos cristianos, sobre todo los católicos, creen que Jesús no tuvo hermanos de sangre. Argumentan a favor de su posición el hecho de que la palabra griega *adelfos*, traducida como «hermanos», puede usarse también para designar otras relaciones cercanas como mediohermanos, hermanastros, primos o sobrinos.

DISFRUTE DE OTRAS PUBLICACIONES DE EDITORIAL VIDA

Desde l946, Editorial Vida es fiel amiga del pueblo hispano a través de la mejor literatura evangélica. Editorial Vida publica libros prácticos y de sólidas doctrinas que enriquecen el caudal de conocimiento de sus lectores.

Nuestras Biblias de Estudio poseen características que ayudan al lector a crecer en el conocimiento de las Sagradas Escrituras y a comprenderlas mejor. Vida Nueva es el más completo y actualizado plan de estudio de Escuela Dominical y el mejor recurso educativo en español. Además, nuestra serie de grabaciones de alabanzas y adoración, Vida Music renueva su espíritu y llena su alma de gratitud a Dios.

En las siguientes páginas se describen otras excelentes publicaciones producidas especialmente para usted. Adquiera productos de Editorial Vida en su librería cristiana más cercana.

DEDICADOS A LA EXCELENCIA

A LOS PIES DEL MAESTRO

0-8297-4729-X

Esta obra es un tesoro de trescientos sesenta y seis oraciones que ofrecen una muestra de lo mejor de Charles Spurgeon, escogidas con las necesidades modernas del lector en mente. Además contiene un plan para leer la Biblia completa en un año. Cada devocional incluye una Escritura relacionada de la NIV. Estas escrituras clásicas lo dirigirán en la travesía diaria hacia una fe más profunda y consciente en Jesucristo.

AMA A TUS PADRES

CUANDO ELLOS YA NO PUEDAN AMARTE

0-8297-4561-0

Usted tiene planes para este tiempo de su vida, pero ahora sus padres necesitan cuidados. Es un tiempo confuso, estresante y extenuante. Sin embargo, también puede ser un tiempo para un remarcable crecimiento espiritual. Este libro lo ayudará a poner en práctica su rol de cuidador con la guía y gracia de Dios. Y lo alertará sobre las situaciones y sentimientos difíciles que tendrá que afrontar.

Terry D. Hargrave

Ama a tus padres cuando ellos ya no puedan amarte

Cómo entender el cuidado de un padre anciano

CÓMO TRIUNFAR COMO PADRES

0-8297-4541-6

Ser padre es algo para lo que nunca se puede uno sentir preparado. ¡No hay reglas establecidas y definitivamente ningún manual de instrucciones! Steve Chalke ha producido, desde su propia experiencia, esta guía realista, simple y humorística, que le ayudará a disfrutar esas subidas y bajadas de la montaña rusa que significa la paternidad.

Nos agradaría recibir noticias suyas.
Por favor, envíe sus comentarios sobre este libro
a la dirección que aparece a continuación.
Muchas gracias.

Editorial Vida
8410 NW 53rd Terrace, Suite 103
Miami, Florida 33166

Vida@zondervan.com
www.editorialvida.com